要件事実論序説

要件事実論序説
―「訴訟メモ」のすすめ―

東 孝行 著

ポケット双書

信山社

はしがき

　要件事実は民事裁判実務においては日常的な課題であり，これを民法解釈論においてみると，民法上生じる権利（その反面としての義務）の発生，移転，消滅といった権利変動の理論の中に見出すことができる。これが法科大学院の教育に関して課題となったのは平成11年7月から審議された司法制度改革審議会の中で「要件事実」が法科大学院における教育の一部としてなすべき事項として論じられたことによるものと解される。そして，平成13年6月の司法制度改革審議会意見書において，法科大学院の実務教育の導入部分の例として掲げられ一躍関心の的になった。

　法曹実務にはその他にも多くの課題があるが，要件事実教育は同審議会が指摘するように，少なくとも民事裁判実務の見地からいえば基礎的部分である。そしてこのことが法解釈学の中に当然のこととして導入されて論じられるべき事項である。

　周知のとおり，すでに多くの要件事実を課題とした参考書が公にされて，要件事実の学習は便利になっている。

　しかし，本書は活きた判例を素材として要件事実を学んで欲しいという念願を込めて公にすることにした。

　筆者は昭和40年代になって公害問題が関心の的となり，裁判所内の司法研究において一年間研究した際に，従来の民法学が公害紛争に関する要件事実論に必ずしも十分対応できていないことを知りいろいろな機会にその必要性を論じてきた。

　このように民事裁判実務の中に活きている要件事実論を有効に学ぶためには判例の事案の分析から始めることが肝心である。そ

はしがき

うすると，判例解説などに掲げられる事案の概要が判例分析の基礎として如何に重要であるかも認識できるはずである。

本書は筆者が久留米大学法学部及び大学院比較文化研究科において平成11年から民法の演習において要件事実教育を試みていた経験に基づく。

しかし，判例の選択にはできるだけ一般的に通用性のある視点を考慮することとした。

前記法学部の授業の課題選択については多くの判例解説書を参照し，また大学院の授業では院生自らの選択としてであるが多くの判例解説書が使用されている。この成果も本書の判例選択に役立った。

とくに，本書の民法の判例の選択については，法科大学院における教育内容・方法に関する研究会「法科大学院における教育内容・方法（民事法・刑事法）のあり方について」（平13．4．24）27頁以下を参考としており，また民事訴訟法の判例の選択については，中野貞一郎・民事裁判入門（第二版補訂版・平17）を参考とさせていただいた。前記研究会及び中野先生に感謝の意を表したい。さらに，創価大学法科大学院要件事実教育研究所長伊藤滋夫先生には同研究所のシンポジウム等にお招き頂き，要件事実教育について一層の思索することができた。御好意に感謝したい。

なお，本書はすでに公にした「法科大学院における要件事実論教育ついて」久留米大学法学43号（平14），同44号（同），同48号（平15），同49号（平16）及び同53号（平17）所掲の判例の一部について取捨選択して，内容について再検討して再録したものを内容とする。多くの諸先生方にはこれら論稿について貴重

なご意見を頂き，また励ましのお言葉を頂いた。ここにあらためて感謝の意を表する。

2006年6月

著　者

《凡　例》

(判例集等)
大判＝大審院判決
最判（3小）＝最高裁判所第三小法廷判決
民録＝大審院民事判決録
大判＝大審院民事判例集
民集＝最高裁判所判例集
裁集民＝最高裁判所裁判集民事
高裁民集＝高等裁判所民事判例集
判時＝判例時報
判タ＝判例タイムズ

(判例解説・批評・雑誌)
判解民＝最高裁判所判例解説民事編
民法判百＝民法判例百選
家族法判百＝家族法判例百選
民訴法判百＝民事訴訟法判例百選
時の判例＝最高裁　時の判例
重判解＝重要判例解説
民商＝民商法雑誌
判評＝判例批評
法時＝法律時報
ジュリ＝ジュリスト
法協＝法学協会雑誌
家裁判月報＝家庭裁判月報

(その他の略記)
中野入門＝中野貞一郎・民事裁判入門（第2版補訂版）（平17）
※その他については一般の記載例による。

目　次

「簡易訴訟メモ」の目次　(*xvi*)

「新様式判決訴訟メモ」の目次　(*xvi*)

用語検索　(*xvii*)

第1章　序　　論

1 **はじめに**　(*3*)
2 **要件事実論と民法解釈論**　(*5*)
3 **判例（判決）の読み方に関する基礎知識**　(*10*)
4 **訴訟メモの作り方**　(*12*)
5 **学習と訴訟メモの活用**　(*16*)
6 **本書の活用方法**　(*21*)

第2章　民　法　判　例

第1　総　　則

1 **制限能力者と詐術**……………………………………… *25*
   - [01]　最判(1小)昭和44年2月13日民集23巻2号291頁　(*25*)
     □土地所有権移転登記抹消登記手続請求事件□
2 **権利能力なき社団**……………………………………… *30*
   - [02]　最判(3小)昭和48年10月9日民集27巻9号1129頁　(*30*)

ix

要件事実論序説—「訴訟メモ」のすすめ

□売掛金等請求事件□

3 錯　　誤 ··· *35*

[03] 最判(2小)昭和29年11月26日民集8巻11号2087頁　*(35)*

□売買代金返還請求事件□

4 **無権代理と相続等** ································· *38*

[04] 最判(2小)平成10年7月17日民集52巻5号1296頁　*(38)*

□根抵当権設定登記抹消登記手続請求本訴，同反訴事件□

[05] 最判(3小)昭和63年3月1日裁集民153号465頁，判時1312号92頁，判タ697号195頁　*(49)*

□所有権移転登記抹消登記手続請求事件□

[06] 最判(3小)平成6年9月13日民集48巻6号1263頁　*(55)*

□損害賠償請求事件□

5 **消滅時効の援用** ···································· *61*

[07] 最判(1小)平成11年10月21日民集53巻7号1190頁　*(61)*

□根抵当権抹消登記手続請求事件□

[08] 最判(2小)昭和48年12月14日民集27巻11号1586頁　*(64)*

□土地建物抵当権設定登記抹消登記手続請求事件□

目　次

第2　物　権

1 **不動産物権変動と第三者（背信的悪意者）** ……… *69*
   [09] 最判(3小)平成 8 年 10 月 29 日民集 50 巻 9 号
   2506 頁　*(69)*
   □公道確認等請求事件□

2 **隣地通行権と建築基準法** ……………………………… *78*
   [10] 最判(1小)昭和 37 年 3 月 15 日民集 16 巻 3 号
   556 頁　*(78)*
   □通行権確認事件□

3 **抵当権と利用権との調整** ……………………………… *83*
   [11] 最判(2小)平成元年 10 月 27 日民集 43 巻 9 号
   1070 頁　*(83)*
   □不当利得返還請求事件□

第3　債　権

1 **将来債権の包括的譲渡** ………………………………… *87*
   [12] 最判(3小)平成 11 年 1 月 29 日民集 53 巻 1 号
   151 頁　*(87)*
   □供託金還付請求権確認請求事件□
   [13] 最判(2小)昭和 53 年 12 月 15 日裁集民 125 号
   839 頁，判時 916 号 25 頁　*(90)*
   □取立命令に基づく取立請求事件□

2 **債権の準占有者に対する弁済** ………………………… *97*
   [14] 最判(1小)昭和 59 年 2 月 23 日民集 38 巻 3 号

xi

445頁 *(97)*

□預金返還請求事件□

- [15] 最判(1小)平成9年4月24日民集51巻4号1991頁 *(102)*

  □債務不存在確認請求事件□

3 所有権留保売主の地位 ……………………………… *109*

- [16] 最判(2小)昭和50年2月28日民集29巻2号193頁 *(109)*

  □自動車引渡請求事件□

4 組合契約の解釈・強行規定 ……………………………… *114*

- [17] 最判(3小)平成11年2月23日民集53巻2号193頁 *(114)*

  □立替金返還等請求事件□

5 転用物訴権 ……………………………………………… *123*

- [18] 最判(3小)平成7年9月19日民集49巻8号2805頁 *(123)*

  □不当利得金請求事件□

- [19] 最判(1小)昭和45年7月16日民集24巻7号909頁 *(129)*

  □不当利得金請求事件□

6 医師の過失と患者の自己決定 ……………………… *134*

- [20] 最判(3小)平成12年2月29日民集54巻2号582頁 *(134)*

  □損害賠償請求事件□

7 被害者の素因と過失相殺の類推適用, 因果関係 … *142*

- [21] 最判(1小)昭和 63 年 4 月 21 日民集 42 巻 4 号
    243 頁 *(142)*
    □損害賠償請求事件□
- [22] 最判(1小)平成 4 年 6 月 25 日民集 46 巻 4 号
    400 頁 *(148)*
    □損害賠償請求事件□
- [23] 最判(3小)平成 8 年 10 月 29 日民集 50 巻 9 号
    2474 頁 *(153)*
    □損害賠償請求事件□

8 共同不法行為 ……………………………………… *159*
- [24] 最判(3小)昭和 43 年 4 月 23 日民集 22 巻 4 号
    964 頁 *(159)*
    □損害賠償請求事件（山王川事件）□

第4　家　族　法

1 内縁夫婦の一方の死亡と住居不動産の利用関係 … *165*
- [25] 最判(1小)平成 10 年 2 月 26 日民集 52 巻 1 号
    255 頁 *(165)*
    □不当利得返還請求事件□

2 遺言の解釈 ……………………………………… *168*
- [26] 最判(2小)平成 3 年 4 月 19 日民集 45 巻 4 号
    477 頁 *(168)*
    □土地所有権移転登記手続請求事件□

第3章　民事訴訟法

要件事実論序説―「訴訟メモ」のすすめ

1 確認の利益 ………………………………………… *177*
　[27] 最判(1小)平成11年1月21日民集53巻1号
　　　1頁 (*177*)
　　　□債権確認請求事件□

2 共同訴訟 …………………………………………… *182*
　[28] 最判(1小)昭和43年9月12日民集22巻9号
　　　1896頁 (*182*)
　　　□建物収去土地明渡請求事件□

3 弁論主義 …………………………………………… *188*
　[29] 最判(1小)昭和55年2月7日民集34巻2号
　　　123頁 (*188*)
　　　□遺留分減殺請求事件□

4 申立事項と判決事項 ……………………………… *193*
　[30] 最判(1小)昭和46年11月25日民集25巻8
　　　号1343頁 (*193*)
　　　□店舗明渡請求事件□

《解説判例索引》

頁

最判（2小）昭和29年11月26日・民集8巻11号2087頁[03] ……………… *35*
最判（1小）昭和37年3月15日・民集16巻3号556頁[10] ……………… *78*
最判（3小）昭和43年4月23日・民集22巻4号964頁[24] ……………… *159*
最判（1小）昭和43年9月12日・民集22巻9号1896頁[28] ……………… *182*
最判（1小）昭和44年2月13日・民集23巻2号291頁[01] ……………… *25*
最判（1小）昭和45年7月16日・民集24巻7号909頁[19] ……………… *129*
最判（1小）昭和46年11月25日・民集25巻8号1343頁[30] ……………… *193*
最判（3小）昭和48年10月9日・民集27巻9号1129頁[02] ……………… *30*
最判（2小）昭和48年12月14日・民集27巻11号1586頁[08] ……………… *64*
最判（2小）昭和50年2月28日・民集29巻2号193頁[16] ……………… *109*
最判（2小）昭和53年12月15日・裁集民125号839頁[13] ……………… *90*
最判（1小）昭和55年2月7日・民集34巻2号123頁[29] ……………… *188*
最判（1小）昭和59年2月23日・民集38巻3号445頁[14] ……………… *97*
最判（3小）昭和63年3月1日・裁集民153号465頁[05] ……………… *49*
最判（1小）昭和63年4月21日・民集42巻4号243頁[21] ……………… *142*
最判（2小）平成1年10月27日・民集43巻9号1070頁[11] ……………… *83*
最判（2小）平成3年4月19日・民集45巻4号477頁[26] ……………… *168*
最判（1小）平成4年6月25日・民集46巻4号400頁[22] ……………… *148*
最判（3小）平成6年9月13日・民集48巻6号1263頁[06] ……………… *55*
最判（3小）平成7年9月19日・民集49巻8号2805頁[18] ……………… *123*
最判（3小）平成8年10月29日・民集50巻9号2474頁[23] ……………… *153*
最判（3小）平成8年10月29日・民集50巻9号2506頁[09] ……………… *69*
最判（1小）平成9年4月24日・民集51巻4号1991頁[15] ……………… *102*
最判（1小）平成10年2月26日・民集52巻1号255頁[25] ……………… *165*
最判（2小）平成10年7月17日・民集52巻5号1296頁[04] ……………… *38*
最判（1小）平成11年1月21日・民集53巻1号1頁[27] ……………… *177*
最判（3小）平成11年1月29日・民集53巻1号151頁[12] ……………… *87*
最判（3小）平成11年2月23日・民集53巻2号193頁[17] ……………… *114*
最判（1小）平成11年10月21日・民集53巻7号1190頁[07] ……………… *61*
最判（3小）平成12年2月29日・民集54巻2号582頁[20] ……………… *134*

□「簡易訴訟メモ」の目次□

- [04] 最判(2小)平成10年7月17日・民集52巻5号1296頁 ……… *38*
- [09] 最判(3小)平成8年10月29日・民集50巻9号2506頁 ……… *69*
- [10] 最判(1小)昭和37年3月15日・民集16巻3号556頁 ……… *78*
- [13] 最判(2小)昭和53年12月15日・裁集民125号839頁 ………… *90*
- [14] 最判(1小)昭和59年2月23日・民集38巻3号445頁 ……… *97*
- [16] 最判(2小)昭和50年2月28日・民集29巻2号193頁 ……… *109*
- [17] 最判(3小)平成11年2月23日・民集53巻2号193頁 ……… *114*
- [18] 最判(3小)平成7年9月19日・民集49巻8号2805頁 ……… *123*
- [19] 最判(1小)昭和45年7月16日・民集24巻7号909頁 ……… *130*
- [20] 最判(3小)平成12年2月29日・民集54巻2号582頁 ……… *134*
- [21] 最判(1小)昭和63年4月21日・民集42巻4号243頁 ……… *142*
- [23] 最判(3小)平成8年10月29日・民集50巻9号2474頁 ……… *153*
- [25] 最判(1小)平成10年2月26日・民集52巻1号255頁 ……… *165*
- [27] 最判(1小)平成11年1月21日・民集53巻1号1頁 ……… *177*
- [29] 最判(1小)昭和55年2月7日・民集34巻2号123頁 ……… *189*

▷「新様式判決訴訟メモ」の目次◁

- [07] 最判(1小)平成11年10月21日・民集53巻7号1190頁 ……… *61*
- [12] 最判(3小)平成11年1月29日・民集53巻1号151頁 ………… *87*
- [15] 最判(1小)平成9年4月24日・民集51巻4号1991頁 …… *103*
- [23] 最判(3小)平成8年10月29日・民集50巻9号2474頁 …… *155*
- [25] 最判(1小)平成10年2月26日・民集52巻1号255頁 ……… *166*
- [27] 最判(1小)平成11年1月21日・民集53巻1号1頁 ……… *178*

◯用語検索◯

あ 行

「争う」という表現　66,89
インミッシオーン　5
宇奈月温泉事件　7

か 行

家屋明渡の正当事由　193
確認の利益　177
過失相殺の類推適用　142
患者の自己決定　134
記名式定期預金　97
共同訴訟　182
共同不法行為　159
「記録上明らかな本件訴訟の経緯」　59
組合契約の解釈　114
組合脱退　116
契約者貸付制度（生命保険）　102
建築基準法　78
権利能力なき社団　30
権利能力なき社団のメルクマール　33
権利濫用　5
抗弁権と抗弁　67
公法私法峻別論　82
国家賠償責任　139
債権の準占有者に対する弁済　97

さ 行

錯　誤　35
サブディーラー　109
山王川事件　159
社会保険診療報酬支払基金　87
消滅時効の援用　61
将来債権の包括的譲渡　87
所有権留保売主　109
心因的要因　142
信玄公旗立松事件　5
身体的特徴　153
診療報酬債権　87
請求権競合　140
制限能力者と詐術　25
「相続させる」趣旨の遺言の解釈　168

用語検索

相対的無輸血　140
訴訟メモの活用　16
訴訟メモの作り方　12, 118, 126

た 行

ディーラー　109
抵当権と利用権との調整　83
転用物訴権　123
動機の錯誤　37
東京都建築安全条例　80

な 行

内縁夫婦の居住不動産の利用関係　165

は 行

背信的悪意者　69
判例の読み方に関する基礎知識　10
被害者の疾患　148

被害者の素因　142
不動産物権変動　69
不当利得返還請求　124
弁論主義　188
法条競合　140
補助参加　182

ま 行

民法解釈論　5
無権代理　38
無権代理と相続　47
申立事項と判決事項　193

や 行

要件事実論　5
ヨットクラブ　114

ら 行

隣地通行権　78

要件事実論序説

第1章 序　論

1　はじめに

　要件事実とは民法，商法等の実体法上の権利変動の要件に該当する事実である。そして，要件事実論は要件事実について，その中のどの事実がどの当事者の主張・立証責任に帰するかを決める理論である。

　法科大学院の教育は法曹実務家の養成を目指すものである。それならば，実際に実務において必要不可欠な理論は教えざるをえない。要件事実論はその種の理論である。

　裁判官であれば，訴状を検討し，答弁書，準備書面を読んで，争点を整理する。そのいずれの段階でもいわゆる手控え（メモ）をとるのが通常である。実際には訴訟の進行に従って，手控えには期日，証人の氏名，採否，証言内容の要点，求釈明点などが書き加えられる。本書では，このなかの争点整理の部分を「訴訟メモ」と呼ぶこととする。

　その訴訟メモの内容は単純で平板な事案のメモでなく，将来の事件の審理を目指したものであるはずである。そこには少なくとも当該裁判官の論理に基づく要件事実論がなければ，訴状の事実記載が完全であるか否か，したがって釈明を求めるか否かの判断も，効果的な争点整理もできず，審理の見通しもつかず，さらに最終的判断もできないであろう。

第1章 序　論

　次に，訴訟代理人（弁護士）としての実務における意義についていえば，法廷前又は法廷外においては，当事者の相談におけるポイントの決定，すなわち，当事者の言い分の整理，証拠となる書面の存否確認，証人となる人の存否など事案毎に多種多様な事項が考えられ，さらに紛争解決手続の選択（保全処分，示談，和解，調停，訴訟提起その他）などがありえよう。また，法廷活動に関する対応としては，訴状，答弁書，準備書面作成，訴訟指揮・求釈明に対する対応，証拠申請が考えられる。

　これを学ぶ学生の側からいえば，ある判決を分析するときにその判決がどのような事実を請求原因として理解し，どの事実を抗弁として位置づけているかは意識的に読むことによりその内容を正確に理解できるはずである。その際に要件事実論に基づいて理解する必要がある。

　著者は，34年余の実務経験を経て，今日法科大学院に籍をおいている。民事裁判を中心とする実務の経験に基づき若干の考察を試みて，法科大学院教育における平易な要件事実論の活用を提案したい。

　本書では，まず要件事実論が民法解釈論の構成と理解に役立つことを考察し，次いで判例の理解，その前提としての判決の正確な分析にも役立ついくつかの事項について述べたい。その上で，判決の読み方，訴訟メモの作り方，学習におけるその活用法について説明したい。

　なお，以下において訴訟メモ等において要件事実を整理するときの分配基準としては，裁判実務の支配的な見解である法律要件分類説ないしその修正説によっている[注1]。

2 要件事実論と民法解釈論

要件事実論は民法の解釈論を整理する機能を持つ。要件事実論は，民法の解釈論を構成しようとする者にとっては，その実践的な位置付けを明確にするに役立つ。さらに既に存する民法の解釈論ないし判例批評を含む議論を正確に理解しようとする者にとっては，その主張する内容の実践的な意義とその程度を知るために役立つ。

以下，これらの点に関する2つの事例をみたい。

(1) **信玄公旗立松事件**（大判大正8年3月3日民録25輯356頁）

「公害」，特に騒音，振動，大気汚染などインミッシオーンに類する生活妨害紛争について権利濫用が解決のための法理論であるとされたことがあった[注2]。

そのひとつの例として，柚木馨先生は，インミッシオーンに類する被害については，「権利濫用の理論によってこれを解決するの外はない……」と論じられ，同判例はこれに関する具体的な実例と理論とを提供したとして同判例の事案と理論を紹介しておられる[注3]。

しかし，インミッシオーンに類する被害の訴訟においては，権利濫用論によって被害者の損害賠償請求が認容されるというように，不法行為等の要件事実に配慮することなく，一本化して議論することは損害賠償請求権の発生要件が何かということから判断を進めるべき民事裁判の論理としてはあまりにも単純にすぎるのではなかろうか。

第1章 序　　論

　この種紛争について損害賠償請求がなされるとしたら，訴訟の実際においては自ずと不法行為がその根拠として主張されるであろう。

　そして不法行為に基づく損害賠償請求権の発生要件としての，故意・過失，法益侵害，因果関係，責任能力と並んで侵害の違法性が掲げられるが，権利濫用はこの違法性の判断の一要素となると解すべきである。

　現に権利濫用論をはじめて本格的に承認した前掲信玄公旗立松事件の甲府地裁判決，その控訴審判決の事実らんをみると，そこでは不法行為構成により損害賠償を請求していることが解る。権利濫用が主張されたのはそれを前提として違法性の主張の一部をなすものである。

　このことを容易に参照できる前掲信玄公旗立松事件の大審院判例の判旨にもとづき要件事実を訴訟メモとして簡潔に記載してみよう[注4]。

　X（原告・被控訴人・被上告人）－Y（被告・控訴人・上告人：国）

　（請　求）

　YはXに対して〇〇円を支払え。

　（請求原因）
 (1)　Xは信玄公ゆかりの老松を所有していた。
 (2)　Yは老松に接近した土地上に機関車を走らせ煙を排出し，そのために老松を枯死させた。
 (3)　Yはその結果を予見できたのに予見せず又は防止措置を

> とらなかった。
> (4) その結果の招来は違法である。
> (5) その損害は〇〇円である。
> (請求原因の認否)
> (1), (2)は認め, (3), (4)は否認, (5)は不知
> (仮定抗弁)
> 機関車を走らせることはYの所有権又は営業権の範囲内に属する。
> (仮定抗弁の認否)
> 否認する。
> (仮定再抗弁)
> Yは所有権又は営業権を濫用している。
> (仮定再抗弁の認否)
> 否認する。

　このように解して初めて実際の民事裁判における「公害」ないしインミッシオーンの生活妨害の紛争に関する民法の解釈論を構成し，権利濫用論をこれに位置付けたことになろう。

(2) **宇奈月温泉事件**（大判昭和10年10月5日民集14巻22号1965頁）

　この事件については穂積重遠先生の判例批評がある[注5]。

　先生は判例の権利濫用を認める結論には「判旨極めて正当双手を挙げて賛成推奨したい。」と評されながら，一方，本件では他の解決方法があったのではないかとして批評される。「右の権

第1章　序　　論

利濫用論が聊か長鞭馬腹に及ばざる感がないでもない。原告が旧式な所有権絶対万能論で無理押しをしたため裁判所は所有権相対論を以て応戦したのであって，判例発展の結果の上からは結構な事だったと思うが，本件だけについてはそこまで行かなくても片附く問題ではなかったろうかと考えられる。」と評して，第2審の判決理由が被告会社の引湯管設置及び修理のための立ち入りを「合法化する積極論」を欠く点は遺憾であるとされ，大審院も，この点を批判した上告論旨に何ら「答弁して」いないと評される。そして，この点に関する被上告人の事実審における主張は，本件土地の引湯管設置当時の所有者が未成年者で親権者がいなかったため事実上の後見人の承認を得たし，使用料も受領しており，暗黙の承諾があったものということであるから，この点の判断をして事件を解決すべきであったと考えられる，と主張される。

穂積判批を考慮に入れて，第1，2審の事実摘示に基づき要件事実を抽象化して掲げると，次のようにいえよう。

X（原告・控訴人・上告人）－Y（被告・被控訴人・被上告人：黒部鉄道㈱）

（請　求）

　Yは本件土地上の引湯管を収去し，本件土地内に立入等一切の妨害をなすべからず（妨害排除請求）。

（請求原因）

(1)　CはAから昭和2年本件土地を買い受け，XはCから昭和3年これを買い受けた。

(2)　本件土地上に本件引湯管が存するが，Yはこれを所有し

て，本件土地を占有している。
(請求原因の認否)
　認める。
(抗　弁)
(1)　Xの請求は所有権の濫用である。
(2)　Yの前主は大正3年にAの事実上の後見人Bから本件土地を使用することの承認を得て，大正7年にAが成人になって以降10年以上も「賃料」をA方に送付し又は届けていたので，暗黙に承諾したといえる。
(抗弁の認否)
　争う。

　このように要件事実を整理してみると，穂積判批は抗弁の(1)を先に判断したこと，したがって(2)の判断を避けたことについてなされていることが明らかである。そして抗弁(2)について判断するのが事件の解決として妥当であったというものである。

　穂積判批は，権利濫用は伝家の宝刀であり，いたずらに用いるものではなく，他に方法があればその方法によるべきであるという発想ではないかと考えられる。それならこれを民法の解釈論として考えるとき，権利濫用と地上権，賃借権などの占有権限との主張があるときは，個別規範が一般規範に優先するとして，後者を先に判断すべきであるということになる。そうすると，原審は権利濫用を先に判断した原審判決は不適法ということになる。

　ただし，穂積判批はそこまでは主張されていない。「學問的研

究としては問題がなほ殘って居る樣に思はれる。」とされる。

このように判例批評を理解するにも，要件事実論を基礎として検討すると一層正確な理解が得られるであろう。筆者はここで穂積判批の当否を評するつもりはない。要件事実論の意義を指摘するにとどめる。

要件事実論が判例の分析に有益であることについても僅かながら触れたが，そのことは以下の本論において語るところであるから，ここでは次の2点を指摘するに止める。

① 要件事実論は判例の事案を正確に理解させ，判例理論をよりよく理解させる機能を持つ。

② 要件事実論を意識して事案をみると，当事者の主張立証のあり方，裁判所の釈明権行使のあり方，争点整理のあり方などを考えるための参考となる。

3 判例(判決)の読み方に関する基礎知識

(1) 一般に，最高裁判例を中心に検討する際には，三審制度の概要，特に上告審が法律審であり，事実審は第1審，第2審であること，上告の種類，その要件，例えば上告却下といったしばしば判断として現れる点（例，後掲 [17] 最判（3小）平成11年2月23日参照）などについて学ぶべきであろう。また大法廷において審理すべき事件の要件，控訴審からの最高裁への移送による審理など判例の統一ないし判例の先例性に関する法令の状態なども学ぶ必要があろう[注6]。

そこで具体的な判例の検討に入る前に，判例ないし判決に関す

10

る諸事項の意味を学ぶ必要がある。

　まず，事件名及び事件番号（以下この段において，後掲 [17] 最判(3小)平成11年2月23日を例に掲げる。事件名は「立替金返還等請求事件」，事件番号は「平成7年(オ)第1747号」）について述べる。これらは共に当該判例の識別のための機能をもつ。したがって，事件名は当初付された名前が変更されることは原則としてない（但し，例えば「○○上告事件」と審級名が付加される例はある）。上訴があってもその点は変わらない。事件番号は当該審級では変更されず，上訴に伴いその審級の事件番号が付されるが，当該審級では変更されない建前になっている。なお，事件番号は裁判の公平を担保するために事件の受付順である。

　ときどき上告審で審理されていない内容の事件名が付されていることがあるが，それは第1審からの訴訟の過程において訴えが変更されたなどの理由により当初の命名された事件名が上記の原則に従って残っていることによる。符号（例，「平成7年(オ)第1747号」の「オ」という符号）は判例解説の収録雑誌などに記載されているので簡単に参照できる。事件の内容を知る手がかりとなるので符号にも注意を払う必要がある。

　さらに，最高裁判例のはじめの部分で当事者の審級別の資格（例，「上告人」「被控訴人」「原告」など）が掲げられているのでこれを一覧すれば各審級における当事者の勝敗が大まかに解るはずである。

　下級審裁判所名と裁判年月日などはこの記載により管轄，判決当時効力があった法令の見当がつく。

　判示事項，判決要旨が掲げられているのが多いが，これは判例

第1章 序　論

の内容をなす正式文書部分ではなく，掲載，編集の過程において付されたものであることを理解しておくべきである。しかし，これによりおおよその判断内容が解る。

　参照法令は時代が隔たるに従って重要な学習の参考資料となる。改正があった場合には判決当時効力のあった法令を確定するための参考となり，貴重な資料となることが多い。

　民集に掲載された最高裁判例については「参照」として第1審判決の事実らん，第2審の判決の事実及び理由が紹介されていることが多い。これが本稿において考察する要件事実整理の資料である。

4　訴訟メモの作り方

(1)　ここで，要件事実を整理して訴訟メモを作る方法について述べておきたい。

　上記の一般的な事項を確認し必要な事項を訴訟メモに記入する。当該判例に関する判決（決定等）裁判所名，裁判年月日，民集などの判例集，判例雑誌名，その巻号頁，事件名，当事者名などが主なものである（当事者は原告X，被告Yなど，利害関係人などはA，Bなどの略称を使用する）。事件番号は要件事実の整理のためには不要である。

　要件事実の整理の内容に進もう。

　まず原告の請求を確定して，請求の趣旨を記載する。通常，事実らんの冒頭に「請求の趣旨」「原告の請求」「請求」などとして記載されている。被告の答弁も一応読むが，「請求棄却を求める」旨の答弁であれば共通する対応であるから訴訟メモの作成者

次第では記載しない例もある。本書では記載していない。訴訟費用負担を求める旨の記載及び仮執行関係の記載は一般には省いてよい。いずれも授業に必要があるときにのみ記載することにしたらよいと思う。ただし，例えば原告が自ら訴訟費用を負担してもよいという趣旨で，「訴訟費用原告負担」と敢えて記載して訴状を提出する場合もあり，仮執行宣言に関しては種々な場合もありうるから，実際の訴訟においては記載しておいた方が安心であろう。請求の特定については本項(3)において後述する。

　次に請求原因を記載する。その際に「請求原因」と記載された項目の中の記載でもそのまま無批判にその要点を記載するという方法は採るべきでない。当該判決の作成者である裁判官が「請求原因」のもとで記載してはいるが，その裁判官が通説，判例の法律要件分類説によるかその他の見解によるか，さらには独自の見解によるのかが不明であるし，あるいは実務上の配慮から例えば抗弁の積極否認に該当すべき事実を記載しておくこともあり得るので，要件事実の整理を綿密に試みる本稿の立場，すなわち法科大学院の学生又は教員として検討する立場に立てば批判的に取捨選択し，自己の見解を明確にした上で記載すべきである。この検討をすれば抗弁事実，再抗弁事実も共に検討の範囲に入る結果となる場合がある。

　ここで，一般に「請求原因」という言葉の意味について述べておきたい。「請求原因」は多義的に用いられるので注意を要する。

　民訴法133条2項（旧民訴法224条）は訴状の必要的記載事項を定める規定であるが，そこで規定する「請求の原因」は訴訟物の特定のために必要とする事実を意味する。学説等の解釈論によ

ると，訴状に攻撃防御方法としての事実を記載することも許されるが，これは任意的記載事項であるとされ，後日提出されるべき準備書面記載等に主張される事実でもあると解されている。しかし，周知のとおり，民訴規則53条1項，2項は争点整理の必要から訴状提出段階でも攻撃防御方法としての事実の主張を提出するよう促している。

　事実審において最終的に判決において要件事実を整理するときの「請求原因」はこの後者の意味も含まれる。それゆえ，本稿で要件事実の整理として記載する事実はこれら両者の意味である。

　新様式判決においては「基礎的事実」などの項目を付けて事実らんと理由らんとの区別なく記載されていることがある。そのために判例解説などの参考文献などでは事案の紹介として主張事実と認定事実との区別，要件事実の整理について無関心のまま述べられていることがあるが，これでは要件事実の整理という観点からは望ましくない。上記の要件事実の整理の原則に従って整理し直して記載すべきである。新様式判決における要件事実の整理の仕方については後述する（[**07**] 最判（1小）平成11年10月21日，[**15**] 最判（1小）平成9年4月24日及び [27] 最判（1小）平成11年1月21日参照）。

　請求原因に対する認否もその趣旨を検討して該当する事実主張を記載する。この際には，○は認める，×は否認・争う，△は不知というように符号化する方が解りやすい。

　そして「否認」と「争う」との区別についていえば，「否認」は相手方の主張事実に対する単純な応答であるが，「争う」は主張する当事者の主張が「本訴で請求する」とか「時効を援用する」

とか消極的確認請求の事案で訴えの利益の主張事実というように「否認」という単純な応答の表明では十分でないと思う場合があるときに「否認」と区別して記載することがある（例，[07] 最判（1小）平成 11 年 10 月 21 日，[08] 最判（2小）昭和 48 年 12 月 14 日）。

　ここでこれらの訴訟上の機能について簡単に触れておきたい。「認める（○）」は「自白」（民訴法 179 条）として訴訟上はこの事実については当事者双方とも立証を要せず，裁判所はその事実を判断の基礎となる事実とすることができるし，かつそうしなければならないことを意味する。「否認・争う（×）」及び「不知（△）」はいずれも訴訟上この事実については立証を要することを意味し，その立証の主体は立証責任を負担する当事者である。

　その次に抗弁を記載する。これも請求原因と同様の心構えで該当する主張事実を拾う。

　抗弁の認否は請求原因に対する認否に同じであり，再抗弁は請求原因，抗弁に関する事実整理と同様の心構えにより検討すべきである。さらに主張が続くなら上記の諸場合と同様に整理して記載する。

　さらに，殆どの判例に関して第 1 審判決を第 2 審が引用するにつき（民訴規則 184 条参照）当該判例集の頁までは指示されていない。これは第 2 審裁判所が配慮すべき事項でなく，判例編集上の問題である。このような障害があるため正確に事実整理できないことがある。そのこと自体は遺憾であるが，このことを前提として，できる限りの方法，すなわち文章の意味から推論するなどの方法による外ない。

　なお，具体的な事例を参考とした訴訟メモの作り方については，

後掲［**17**］最判（3小）平成11年2月23日に関する説明を参照されたい（→第2章民法判例―第3債権）。

(2) 要件事実の諸相

一般に机上の説例に関して事実整理の議論をするときは，ある請求に関する請求原因，抗弁，再抗弁という順序で一面的に論じることで足りる。しかし，判決書のような双方当事者の主張を公平に紹介しながら，事実整理をすべきときに，原告と被告とが，ある問題につき法的見解を異にし，ある事実が一方当事者の法律構成によると抗弁に位置付けるべきであるのに，他方当事者の法律構成によると再抗弁に位置付けるべきことになることが生じる。このような事件の事実整理はいずれか一方当事者の法律構成によるのではなく，一見矛盾したようにみえるが，双方の法律構成によって事実整理をすべきであろう。例えば，後掲[06]最判（3小）昭和63年3月1日裁集民153号465頁，判時1312号92頁の事例を検討すると，実際の原審判決の記載には見られないけれども，そのように理解するのが妥当であると解される。これに反し，後掲［**26**］最判（2小）平成3年4月19日民集45巻4号477頁の事例は，双方当事者の主張の法律構成が異なるけれどもその相違が主張立証責任の相違を来さない場合であると考えられる。

このように事実整理としては一つの事実を両面からみる必要がある。ことも心しておかねばならない。

5 学習と訴訟メモの活用

(1) 本書における考察は，民法，民事訴訟法等に関する民事裁判の基礎的な学習のために必要な事項に関する諸判例につき訴訟

メモを作成して，学習の参考としたいということである。しかし，民事裁判に関する授業においてここに掲げた判例のすべてについて，必ず「標準訴訟メモ」を作成して学習させるべきであるという観点からの考察ではない。言い換えれば，学生が折りあるごとに訴訟メモの作成を試みるとき，あるいは実際の裁判における要件事実の考え方を参考としたいとき，その要望に僅かながら応えたいという気持ちから出発している。

それゆえ，ここでは法科大学院において学習効果を上げるための訴訟メモをどのように活用すべきかという観点から述べてみたい。

訴訟メモを作成する効用の1つは，判決を読み込むために有力な補助手段となることである。この学習に慣れると判決（判例）を読む際に自ずとその要点を逃さないようになるはずである。すなわち，主張・立証責任，権利変動の要件である要件事実を意識的に考え，理解することが習い性となるのである。

そのうえ，このように判決を訴訟メモをとりながら読み込むうちに，民事訴訟法の基礎的知識も自ずと体得することができる。例えば前記の主張・立証責任のほか，弁論主義，処分権主義，自白の拘束力，攻撃防御方法提出時期，本証と反証，一応の証明，共同訴訟，訴訟承継，事実審・法律審や上訴制度の概要など判例集掲載判例は学習の材料の宝庫である。

これを理論的位置付けの見地からいえば，訴訟メモの作成は，民法，商法等の実体法のみならず，民事訴訟法に関しても，さらに法解釈学に実務上の見方，考え方を取り込み，同時に実務に法解釈学を取り込むためにも役立つものである。

第1章 序　　論

(2)　次に重要なことは，法科大学院における教育のために当てられた授業時間は非常に少ないという現実認識である。このような制約の下に如何に授業の効果をあげるかが課題となる。ここでは訴訟メモによる要件事実論の学習をするための方法について考えたい。

　筆者が掲げる訴訟メモには三種類がある。

　第1は［標準訴訟メモ］である。

　これは時間をかけて学習できる際に作成する詳細な訴訟メモである。特に旧様式判決が適している。前記の訴訟メモの作り方に完全に従った記載により作成する。

　第2に，［新様式判決訴訟メモ］である。最近，新様式の判決が多いので，これに対応するための訴訟メモを推薦したい。これは新様式判決において，例えば「争いのない事実」とか「容易に認められる事実」といった記載があり又は交通事故による損害賠償請求事件の判決において損害の主張が省略されているときに対応するためのものである[注7]。

　「争いのない事実」の記載があっても，そのうちどの事実が原告の主張すべき請求原因事実であるか，被告の抗弁として主張すべき事実であるかなど意識的に事実を分類して記載すべきである。これを単に争いのない事実として記載すべきではない。「容易に認められる事実」も同様である。損害の具体的主張がない場合には，記載がないから記載しない。

　もともと新様式判決は解りやすく一般に親しめる判決を目指して考案されたものであり，裁判官が要件事実を意識しないで判断することを認めた制度ではないからである。判断者である裁判

官はしっかりとした要件事実の認定を経た上で判断すべきである。したがって，裁判官は新様式判決を起案するときもその訴訟メモは請求原因，抗弁など要件事実を意識して判断した結果の記載をしていることを理解した上で訴訟メモを作成すべきである。

その一例として，新様式判決において「前提事実」の項の下に記載されている事実がある。これには争いのない事実及び争いはあるが「不知」又は軽い「否認」の認否である場合などに証拠を括弧内に掲げて認定した事実がある。その場合の訴訟メモ作成に当たっては，その認定から相手方の認否が読み取れないため，本書では，まず主張・立証責任を負担する当事者の主張事実として記載し，次いでその相手方の認否としては「（前提事実）」と記載することとする（[07]最判(1小)平成11年10月21日参照）。

しかし，新様式判決に基づいて訴訟メモを作成する際には，判決書から解らない事実まで記載することはできないので，やむなくある事実の認否が不明であるなら記載しないか，「不明」と記載せざるをえない場合もある。

第3に，[**簡易訴訟メモ**]である。

これにはいくつかの作成方法が考えられる。このうち比較的正確に記載できる方法は最高裁判決（判例）の判旨のなかで「原審の確定した事実関係の概要……」として表示される部分に基づいて訴訟メモを作成するということである。最高裁判決であるので，信頼性は高いので，安心して作成できる。これによりかなり要点をとらえた訴訟メモが作成できる。具体性に欠けたり，どの当事者の主張であるかは不明であることが多いが，それは主張立証責任から独自に抽象できる事項であるから訴訟メモを作成しながら

第 1 章　序　　論

自ら整理すればよい。

　一方，必ずしも正確ではないが，手軽にできる訴訟メモとして判例解説などの事案の概要という欄の記載に基づいて訴訟メモを作成してみることを勧めたい。

　しかし，判例解説などの「事案の概要」欄の記載は執筆者の好み，専門などにより，ときに請求の内容の記載にばらつきがあったり，当事者の記載が一部省略されていたりしていることもあり，訴訟メモ作成の見地からは正確性に乏しいことがあるので注意すべきである。

　以上，いずれかの方法で訴訟メモの作成に慣れると，訴訟メモを作成の暇がないときでも判決を読みながらその事件の要点を理解できる，いわば勘が身に付くようになる。

　授業時間の制約があったり，ゆっくりした時間がとれないときでも，何らかの方法でその場に適合した方法を探して，訴訟メモを作成することに慣れることを期待する。

　ここで訴訟メモの必要項目を確認しておきたい。

　まず，判例の特定の事項として，裁判所・裁判年月日・集・対象判決が最高裁判決である場合に下級審裁判所裁判年月日・事件名・当事者がある。下級審裁判所裁判年月日は比較的古い判例であれば記載がないことがあるが判明する限度で記載すれば弁論の終結日が推測できるなど便利である。

　次に，「請求」ないし「請求の趣旨」がある。この記載は完全でなくてもよい。主要なものないし要点の記載でよい。また仮執行宣言，訴訟費用などは不要である。

第三に，当事者の主張を記載する。それは「請求原因」・「請求原因の認否」・「抗弁」・「抗弁の認否」……などである。

　なお，証拠関係は特別に必要な場合を除き記載しない。

(3)　訴訟メモは以上のとおりであるが，民事判例に関する学習を想定してみると，これに尽きるものではない。

　関連判例の調査，読み込み，学説の調査，検討，各段階における自らの試論の構成など多くのなすべきことがあろう。

　訴訟メモはこれら考察のすべてにわたって基礎的な理解の助けとなるものである。

　もちろん訴訟メモをじっくり検討する過程において関連判例，学説等の検討をすれば，その過程そのものが学習となろう。

6　本書の活用方法

(1)　上述のとおり，本書は，訴訟メモを作成することによって判例を正確に読むこと，単なる学説上の理論のみならず，実際の裁判からみた理論の形成をも考察することなどを目的としている。

　そのために本書が用意したことがらは次のとおりである。：

①　難易度を分けて，やさしい練習のために簡易訴訟メモを15件について掲げている。

　—「最判に基づく簡易訴訟メモ」は最高裁判例の判旨（理由）中に事案のまとめが記載されているものについて作成している。

②　第1審又は第2審が新様式判決である事件については「新様式判決用訴訟メモ」を用意し，通常の判決である事件については「標準訴訟メモ」を掲げている。

第 1 章 序　　論

これらを利用して，随時訴訟メモを作成することを試みる。

(2)　次ぎに，1つの学習の方法として参考例を述べておきたい。

①　初めのうちは，簡易訴訟メモを中心に練習してみる。本書記載中には簡易訴訟メモは15件について記載されている。

まず，準備として，最高裁判例の判旨部分を準備する。

次いで，その記載に基づいて，請求は何か，その理由は何か，それに対する反論はどんな内容か，といった分類を試みながら記載してみる。

それを本書記載の簡易訴訟メモと対照してみて，理論構成が異なったときはその理由を検討する。

記載内容に多少の精粗の違いがあるが，それは最判の事案紹介の精粗によることが多いので，その点を考慮して作成を試みる。（例，請求の趣旨の記載の抽象化の程度）

②簡易訴訟メモによる練習を終えた後には，標準訴訟メモ又は新様式判決用訴訟メモの練習を試みる。

まず，準備として，最高裁判例及び民集に「参照」として掲げられている下級審判決も準備する。

次いで，第1審判決及び第2審判決に基づいて新様式判決であれば，「新様式判決用訴訟メモ」を，その他の判決であれば「標準訴訟メモ」の練習を試みる。

③その理解のために各判例の事案における訴訟経過と各審級裁判所の論理，並びに各判例の末尾の説明を読む。

④なお，例えば判例解説の事案の概要に基づいて「簡易訴訟メモ」の作成を試みられることを奨めたい。できるだけ請求，請求原因，抗弁などの発想に慣れていただきたい。

要件事実論序説―「訴訟メモ」のすすめ

(3) 前記のとおり、標準的訴訟メモは判例集の事実審の事実欄に基づいて作成するのであり、大部分の判例では事実欄から要件事実を読み取ることができるが、一部の事件で、その作業が困難な場合があることを指摘してせざるを得ない。

それは控訴審判決が第一審判決の事実記載を部分的に引用する場合である。一括引用の場合又は引用部分が一読して理解できる場合は不都合がないが、そうでない引用であるとき、すなわち引用文を原判決のページ、行、文言等により特定する場合には原審判決書の原本のページが紹介されていない判例集の場合にしばしば理解に困難を来すことがある。一部判例集には原審判決の原ページを附記しているものもあるが、その数は少ない[注8]。本書収録の事件のうち数件はそのような事例を含んでいる。本書では著者の実務経験に照らしながら特定する作業を経ているものであるが、一般の人にとっては困難な作業となろう。本書の標準訴訟メモを読む際に、そのような事例に遭遇してとまどうこともあるかも知れないが、上記の制度的制約によるものとご理解いただきたい。

しかし、訴訟メモの作成は必要である。例えば講義の内容が「判例研究」又は「民事裁判」など判例を素材として、判例の分析を前提として法解釈論を考察する授業であるときは、訴訟メモはその前提部分の検討に必要となる。ただし、当初は気軽に簡易訴訟メモ、新様式判決訴訟メモなどを試みて慣れていただきたい。

(4) 以下の訴訟メモ記載中（争う）（認める）など括弧内記載は、判例集に明白な記載はないがその旨解される趣旨である。

第1章 序　論

(注1)　なお，昭和50年代の精緻な要件事実論に関する論争には立ち入らない。この議論に関しては，竜嵜喜助「証明責任の分配」講座民事訴訟⑤（昭58）89頁，松本博之「学界回顧・民事訴訟法」法時47巻14号98頁（昭50），民事訴訟雑誌22号（昭51）参照。

　　伊藤滋夫・要件事実の基礎（平12）は最近の貴重な文献である。

(注2)　末弘厳太郎・物権法（上）（複版昭35）256頁，石田文次郎・物権法論（昭11）442頁，柚木馨・判例民法総論上巻（昭29）182頁以下，勝本正晃・物権法（昭27）114頁，我妻栄ら・民法辞典（昭35）19頁，新版注釈民法(1)（昭63）140頁（安永正昭執筆）

(注3)　前掲，柚木・判例民法総論上巻（昭29）182頁以下

(注4)　拙著・相隣法の諸問題（平9）161頁，181頁，奥田昌道ほか編・民法学6（昭50）81頁以下（東孝行執筆），拙稿「裁判過程における権利濫用論の展開」判タ357号（昭53）4頁，拙著・公害訴訟の理論と実務（昭46）59頁参照

(注5)　穂積重遠「大判昭10年10月5日判例批評」法協54巻4号812頁（816頁）〔判例民事法昭10年度130号事件〕

(注6)　拙稿「判例による法の形成―他人物売買と相続を中心として」久留米大学比較文化研究24号（平11）68頁参照

(注7)　最高裁判所事務総局・民事判決書の新しい様式について（平2）29頁以下参照

(注8)　拙著・民事訴訟法の解釈と運用（平13）142頁以下参照

第2章 民法判例

第1 総　　則

1　制限能力者と詐術

[01]　最判(1小)昭和44年2月13日民集23巻2号291頁
（京都地昭和35年6月20日，大阪高判昭和42年2月17日高裁民集20巻1号62頁）
□土地所有権移転登記抹消登記手続請求事件□
（判決要旨）

　無能力者であることを黙秘することは，無能力者の他の言動などと相まつて，相手方を誤信させ，または誤信を強めたものと認められるときには，民法20条にいう「詐術」にあたるが，黙秘することのみでは右詐術にあたらない。

──［標準訴訟メモ］──

亡A承継人
X₁　（控訴人・被上告人）　　　Y₁　（被控訴人・上告人）
X₂　（同上）　　　　　　　　　Y₂　（同上）
X₃　（同上）
（請求の趣旨）

(1)　Y₁はXらに対し本件土地につき○○地方法務局昭和30年7月6日受付第17603号をもってなされた所有権移転登記の抹消登記手続をせよ。

　(2)　Y₂はXらに対し本件土地につき同法務局同年11月12日受付第30098号をもってなされた所有権移転登記の抹消登記手続をせよ。

(請求の原因)

　(1)　Xらの被相続人Aは昭和12年5月12日準禁治産宣告を受け、その妻X₁がその保佐人に就職した。

　(2)　Aは昭和30年1月22日その所有に係る本件土地を、保佐人の同意を得ないで、Y₁に売り渡し、本件土地につき現在Y₁名義の請求の趣旨1項記載の登記がなされており、さらにY₁はこれをY₂に売り渡し、本件土地につき現在Y₂名義の請求の趣旨2項記載の登記がなされている。

　(3)　Aは死亡前に本件第1審訴訟を提起しその訴状において右第1の売買を取り消す旨の意思表示をなし、訴状は昭和31年4月9日にYらに送達された。

　(4)　Aは昭和40年11月5日死亡し、妻であるX₁、長女であるX₂、養子であるX₃が相続した。

(請求原因の認否)

(Y₁)(1)の事実は認める。(2)の事実中保佐人の同意がないとの事実は否認し、その余の事実は認める。

(Y₂)(1)の事実は不知。(2)の事実中Y₂がY₁から本件土地を買い受け、現在Y₂名義の請求の趣旨2項記載の登記がなされていることは認めるが、その余の事実は不知。(3)の

事実は認める。
(抗弁)
(Y₁, Y₂) Aは本件第1の売買に際して能力者であることを信ぜしめるための詐術を用いた。
(Y₂) Y₂に請求の趣旨第2項記載の登記抹消手続の義務があるとするについては，AがY₁に対する本件土地の売買につき代金として受領した41万2,500円の支払いと引き換えに認められるべきである（Y₂固有の同時履行の抗弁のほか代位行使も主張）。
(抗弁の認否)
　否認する。

第1審は受継前のAが原告となっていたところ、「思うに民法第20条にいわゆる『詐術』とは積極的術策を用いる場合はもちろん、単に相手方の誤信を誘起しまたは誤信を強める行為あるをもって足るものと解すべきである。けだし無能力者（ことに準禁治産者）制度と取引安全のための調和を考えるときは右の如き解釈を以て妥当としなければならないからである。」（本件判例に関する判解民（昭47年度）23頁紹介）として原告の請求を棄却した。

第2審は、受継後の訴訟となる。Aは保佐人の同意なしに本件土地をY₁に売り渡したことを認定し、進んでAが詐術を用いたことついては、Aが本件土地をY₁に売り渡した際にY₁の代理人であるその父Bとの間で代金の交渉をし、登記手続及び知事の認可の申請手続に要する書類などをBに手渡すなどの行為をしたことは認められるが、これらの事情からAが詐術を用いたとは認

27

めがたいと判断する。さらにY₂のY₁に代位しての同時履行の抗弁の行使については，代位の要件が認めがたいとして排斥した。第2審はこのような理由からXらの本訴請求を全部認容した。

上告審は「民法20条にいう『詐術ヲ用ヰタルトキ』とは，無能力者が能力者であることを誤信させるために，相手方に対し積極的術策を用いた場合にかぎるものではなく，無能力者が，ふつうに人を欺くに足りる言動を用いて相手方の誤信を誘起し，または誤信を強めた場合をも包含すると解すべきである。したがつて，無能力者であることを黙秘していた場合でも，それが，無能力者の他の言動などと相俟つて，相手方を誤信させ，または誤信を強めたものと認められるときは，なお詐術に当たるというべきであるが，単に無能力者であることを黙秘していたことの一事をもつて，右にいう詐術に当たるとするのは相当ではない。」（判決理由）として原審の判断を是認した。

平成11年の改正前民法12条によると，準禁治産者については特に定めた行為につき保佐人の同意が必要とされ，これに該当する場合に取消権が与えられるのであるから，この場合の主張・立証責任の分配は，当該行為が準禁治産者の行為であり，それが所定の行為に当たり，これにつき保佐人の同意が欠けていたこと，そのうえ取消の意思表示をしたことがその効力を争う側の負担となると解される[注1]。前記事実整理はこのような見解にしたがっている。

登記請求権を多元的に構成する見地（判例を含む）によれば，本件を物権的登記請求権と構成することも可能であり，この場合

には前示保佐人の同意を欠く旨の主張は再抗弁事実となると解される。

本件は第1審継続中はAが存命中であり，第2審になって後にAが死亡したが，訴訟代理人が付されていたため，訴訟はそのまま続行されたものと解される（旧民訴法208 I，213：新民訴法124 I ①，II）。なお，実務上はその場合には訴訟代理人が当事者死亡の旨陳述し，戸籍謄本などを提出して訴訟は継続して審理される。本件では相続人3名が原告となったのであり，判例によると共有関係の能動的訴訟で，登記の抹消手続を求める場合であるから保存行為として通常共同訴訟と解される[注2]。

なお，平成11年の改正により，「準禁治産者」は「被保佐人」と改称され，その理由から「浪費者」が削除された（ちなみに，本件では浪費者が理由の1つとなっている）。

(注1) 同旨，村上博巳・立証責任に関する裁判例の総合的研究（司法研究報告書14輯3号・昭38）56頁

(注2) 秋山幹男ほか・コンメンタール民事訴訟法 I（平14）380頁，小室直人ほか（編）・基本法コンメンタール（2版）・新民事訴訟法1 101頁（平15・徳田和幸執筆），斉藤秀夫ほか（編）・注解民事訴訟法(2) 169頁（小室直人・東孝行執筆），兼子一（松浦＝新堂＝竹下）・条解民事訴訟法（昭61）167頁（新堂幸司執筆）参照

(参照) 判解民 [3]，民法判百 I（第5版）[5]

第 2 章 民法判例

2 権利能力なき社団

[02] 最判（3小）昭和 48 年 10 月 9 日民集 27 巻 9 号 1129 頁
（秋田地判昭和 44 年 2 月 18 日，仙台高秋田支判昭和 45 年 7 月 22 日）

□売掛金等請求事件□

（判決要旨）

権利能力のない社団の代表者が社団の名においてした取引上の債務は，社団の構成員全員に一個の義務として総有的に帰属し，社団の総有財産だけがその責任財産となり，構成員各自は，取引の相手方に対し個人的債務ないし責任を負わない。

[標準訴訟メモ]

X_1（控訴人，上告人）　　Y_1（被控訴人，被上告人）
X_2（同上）　　　　　　　Y_2 外 15 名（同上）

（請求の趣旨）

(1) Yらは，X_1 に対し 130 万 0660 円及び昭和 42 年 3 月 20 日から支払い済みまで年 6 分の割合による金員を支払え。

(2) Yらは，X_2 に対し 110 万 1850 円及び同年 1 月 17 日から支払い済みまで年 6 分の割合による金員を支払え。

（請求原因）

(1) X_1 は麺類製造販売，X_2 は海草加工販売を業とするものである。

(2) Yらは，栄養食品の資料の斡旋並びに販売，厨房機

械の斡旋並びに給食用食器の斡旋販売，給食管理の請負等の事業を共同で営む「東北栄養食品協会」称する民法上の組合（A協会）の組合員であり，組合の対外的業務執行権をY₂に授与していた。

(3) 仮に，A協会が権利能力なき社団であるとしても，A協会は営利団体であるので，商法194条との均衡からいっても，報償責任の観点から見ても，本件債務は同協会の構成員であるYらが負担すべきである。

(4) 仮に，A協会が権利能力なき社団であってその債務が構成員に合有的ないし総有的に帰属するとしても，それは社団として存続している場合に限り言えることである。本件A協会は実体を喪失し事業を廃止したものであり，このような場合にはその債務については構成員であるYらが負担すべきである。

(5) 仮に，以上の主張が認められないとしても，A協会は社団として営業活動をしているのにもかかわらず社団法人ないし会社の設立を回避したものであり，この場合には法人格否認の法理が適用され，本件債務についてはその構成員であるYらが負担すべきである。

(6) X₁は，Y₂を代理人としてA協会に昭和41年8月29日から同年12月15日までの期間ラーメン等を売り渡し，売掛金は107万660円となり，さらに，同様に昭和41年11月30日に弁済期を同年12月31日と定めて23万円を貸し渡した。

(7) X₂は，Y₂を代理人として下記のとおり契約し，

A協会に貸し渡し、その結果Yらに対して合計110万1850円の貸金債権を有する。

　　貸付日(昭和年月日)　金額(円)　弁済期（昭和年月日)
　①41・9・14　　　30万　　　41・12・12
　②41・10・7　　　17万5800　41・12・7
　③41・10・7　　　17万6050　41・12・10
　④41・10・19　　 30万　　　42・1・16
　⑤41・11・15　　 15万　　　42・1・10

(請求原因の認否)

(1)は認め、(2)の事実中、YらがA協会の構成員であることは認めるが、その余は否認する。A協会は秋田県内における集団給食の栄養管理の向上、県民に対する栄養知識の普及、合理的な食品の消費の指導並びに食生活の改善を図ることを目的として設立された権利能力なき社団であり、その事業として請求原因記載の事業を営んでいたもので、Y_2は代表者であった。(3)、(4)、(5)の主張は争う。A協会は民法上の社団法人として発足予定であったが、早急には主務官庁の許可が得られなかったので権利能力のない社団として運営されていたのであり、法人格を濫用する意図はなかった。A協会が取引停止処分を受けたが、解散はしていないし、役職員は従来のままである。

　第1審は、Xらの請求を棄却した。資料がないのでその理由は不明である。

　第2審は、訴外BがA協会の代表の1員として本件取引をし

たことを認めたが、A協会は権利能力のない社団であることを認定し、権利能力のない社団においてはその資産はその構成員の総有に帰属し、社団の定款に社員の無限責任の定めがあるか、社団から利益配当を受けるなど特段の事情が認められるときは、構成員の個人財産が社団の債務の引き当てになると解する余地があるが、本件ではそのような特段の事情が認められないから、構成員の社団債務の支払い責任は認められないとし、さらに、本件は商法194条との均衡をはかるべき場合ではなく、YらがA協会の社団性を否認してこれを濫用した事実を認めがたいとして、Xらの控訴を棄却した。

上告審は、「権利能力なき社団の代表者が社団の名においてした取引上の債務は、その社団の構成員全員に、1個の義務として総有的に帰属するとともに、社団の総有財産だけがその責任財産となり、構成員各自は、取引の相手方に対し、直接には個人的債務ないし責任を負わないと解するのが、相当である。」(判決理由)と述べ、本件についてみると原判決の認定する事実のもとでは、YらがXらの本件各請求債権について、Xらに対して直接の義務を有するものではない旨判示して、上告を棄却した。

第2審は、本件取引につき直接関与した者を「代表者」として「訴外B」と認定しており、原告主張のY₂とは異なるが、権利能力なき社団への本件取引の効果の帰属に差異はないので問題はないといえよう。

なお、権利能力なき社団のメルクマールとされている点は日頃の学習で確認しておく必要がある。

第 2 章　民 法 判 例

　判例は「団体としての組織をそなえ，そこには多数決の原則が行なわれ，構成員の変更にもかかわらず団体そのものが存続し，しかしてその組織によつて代表の方法，総会の運営，財産の管理その他団体としての主要な点が確定しているものでなければならないのである。」と述べる（最判(1小)昭和 39 年 10 月 15 日民集 18 巻 8 号 1671 頁）[注1]。

　請求の数は，X_1 の継続的取引とみられる売掛債権及び貸金債権並びにこれらに対する年 5 分の法定利息債権，X_2 の貸金債権並びにこれらに対する年 5 分の法定利息債権であり，それに Y らの数を乗じたものとなる。なお，本件は通常共同訴訟である。

　権利能力のない社団における社員の個人責任については，法解釈論上見解の対立があることは周知のとおりである[注2]。

　なお，平成 13 年に中間法人法（法 45）が制定され権利能力なき社団が法人化される可能性が広がった。本件で問題となった構成員の責任に関連する点であるが，同法では有限責任中間法人と無限責任中間法人とに分けられている。

（注 1）北川善太郎・民法総則・民法講要 I（平 7）81 頁参照
（注 2）阿久保澤利明「本件判例解説」民法の基本判例（第 2 版・平 9）10 頁，同「本件判例解説」民法判百 I（第 4 版・平 8）28 頁参照

（参照）判解民 [6], 民法判百 I（第 5 版）[9]

要件事実論序説—「訴訟メモ」のすすめ

3 錯　誤

[03]　最判(2小)昭和29年11月26日民集8巻11号2087頁
(京都地宮津支判，大阪高判昭和27年7月18日)

□売買代金返還請求事件□

(判決要旨)

　意思表示の動機に錯誤があつても，その動機が相手方に表示されなかつたときは，法律行為の要素に錯誤があつたものといえない。

------[標準訴訟メモ]------

X　（被控訴人・上告人）　　　Y　（控訴人・被上告人）

(請求の趣旨)

　YはXに対し1万円及び昭和23年4月17日から支払済みまで年5分の割合による金員を支払え。

(請求原因)

　⑴　Aは昭和23年4月14日Cを介してYから本件家屋を6万円で買い受け，同月16日内金1万円を支払った。

　⑵　Aは，当時賃借りしていた家屋の明け渡しを求められ，他に家屋を買い求めて自ら居住して使用するためであった。かねてDが居住していることも承知して，Dとの間で同月20日から共同使用する話し合いだったからであった。

　⑶　Dは同月19日約束に反して共同使用を拒んだので，Aは所期の目的を達することが不可能となった。

　⑷　Yは昭和24年3月23日本件家屋をBに8万円で，

35

第２章　民法判例

> BはDに同年9月7日これを同額で売り渡し，移転登記手続を済ませた。
> (5)　Aは自ら居住するために本件家屋を買い受けたのであり，当初から本件家屋を使用できないならば買い受けなかったのであるから，要素の錯誤があり本件家屋の売買契約は無効である。
> (6)　Yは内金受領に先立ちDが共同使用を拒絶していることを知っていたから，悪意の受益者である。
> (7)　Xは昭和24年11月5日Aから債権を譲り受け，AはこれをYに通知した。
> （請求原因の認否）
> (1)　は否認する。YはCに対して昭和23年4月16日に本件家屋を6万円で売り渡す契約をしたことはある。その際に，Cは同月20日に代金の1部1万円を支払い，Yはその間他に売買をすることができない代償として1万円を受領した。(2)は不知，(3)，(5)，(6)は否認，(4)の金額は否認し，その余の部分は認め，(7)は認める。

第1審は，請求を認容した。その理由は資料がないので不明。

第2審は，請求原因(1)ないし(3)の事実を認めたが，AがYに買い受けの動機を表示した事実が認められず，要素に錯誤があったとは認めがたいとして，第1審判決を取消して請求を棄却した。

上告審は，「意思表示をなすについての動機は表意者が当該意思表示の内容としてこれを相手方に表示した場合でない限り法律行為の要素とはならないものと解するを相当とする。」（判決理

由）と判示して原審の判断を是認した。

　動機の錯誤による無効主張についてはその主張する当事者が動機の表示を主張立証すべきであると解される$^{(注1)}$。第1, 2審判決をみると，Xの主張中にはAの動機をYに対して表示した旨の主張が見当たらないので錯誤無効は主張自体失当といえそうである。しかし，第2審はその主張が全体の主張の趣旨からみてなされているとしても，それを認めるに足りる証拠がないという事実認定をしていると解される。

　なお，請求原因に対する被告の認否中，(3), (5), (6)の点はその記載だけでは不十分であり，被告による認否欄の(9)〜(12)の主張と併せて解釈すべきであろう。そうすると前記のとおりとなる。

　本件における請求は，不当利得として手付金1万円の返還及びこれに対する遅延損害金の支払を内容とする2個の請求である。

（注1）司法研修所編・9訂民事判決起案の手引（平13）・事実摘示記載例集22頁参照

（参照）判解民 [108], 民法の基本判例（第2版）[6]

第 2 章 民 法 判 例

4 無権代理と相続等

[04] 最判(2小)平 10 年 7 月 17 日民集 52 巻 5 号 1296 頁
(神戸地判平成 5 年 3 月 26 日, 大阪高判平成 6 年 2 月 22 日)
□根抵当権設定登記抹消登記手続請求本訴, 同反訴事件□
(判決要旨)

　本人が無権代理行為の追認を拒絶した場合には, その後無権代理人が本人を相続したとしても, 無権代理行為が有効になるものではない。

[最判に基づく簡易訴訟メモ]

X_1 (控訴人・上告人・反訴被告)

X_2 (同上)

X_3 (同上)

Y_1 (被控訴人・被上告人：信用保証協会)

Y_2 (同上：銀行)

Y_3 (同上)

Y_4 (同上・反訴原告)

(請求の趣旨)

(本訴) 本件各登記の抹消登記手続

(反訴) (Y_4: 連帯保証債務の履行を求める。反訴関係は以下省略)

(請求原因)

　(1)　Aは本件各物件を所有していたところ, その唯一人の相続人長男(C)は昭和 61 年 9 月 1 日に死亡し, その妻及び子であるXらが相続し, その後昭和 63 年 10 月 4 日にAが

死亡し，その孫Ｘらが代襲相続により本件各物件を取得した。

(2) Ｙ₁は物件(1)～(3)につき登記目録(1)登記を，Ｙ₂は物件(1)～(3)につき同(2)登記，Ｙ₃は物件(1)～(3)につき同(3)登記，物件(3)につき同(4)登記，物件(4)につき同(5)登記，Ｙ₄は物件(1)につき同(6)登記，物件(2)につき同(7)登記，物件(3)につき同(8)，(9)登記を有する。

(請求原因の認否）（不明）

(抗　弁)

Ａは自ら又は長男ＣはＡの代理人として，Ｙら各人との間で各登記の原因行為をした。

(Ｙ₂，Ｙ₃の主張)

(3) Ｃの行為は表見代理である。

(抗弁の認否）（不明）

(再抗弁)

(1) Ａは遅くとも昭和58年11月に脳循環障害のため意思能力を喪失したため，その後に属するＹら各人との間の各登記の原因行為につき責任がない。

(2) Ｃは昭和61年9月1日に死亡し相続人であるその妻Ｆ及びＸらは限定承認の申述をした。

(3) Ａは昭和62年5月21日禁治産宣告を受け，同年6月9日に確定し，Ｆが後見人に就職し，同年7月7日本件訴訟を提起して追認拒絶の意思表示をし，1審の審理中に死亡し，Ｘらは代襲相続した。Ａの法的地位を相続したＸらもその履行義務を負わない。

(再々抗弁)

(1) Cが無権代理であるとしても，Xらは前記のとおりCを相続し，次いで本人Aを相続したので，Yら各人との間で前記法律行為をしたと同様の地位にある（信義則違反）。

(2) （Y₂，Y₄）Aの行為につき表見代理が成立する。

[標準訴訟メモ]

X₁（控訴人・上告人・反訴被告）
X₂（同上）
X₃（同上）
Y₁（被控訴人・被上告人：信用保証協会）
Y₂（同上：銀行）
Y₃（同上）
Y₄（同上・反訴原告）

(本　訴)

(請求の趣旨)

Xらに対し，

Y₁は物件①ないし③につき登記目録①の登記の抹消登記手続をせよ。

Y₂は物件①ないし③につき登記目録②の登記の抹消登記手続をせよ。

Y₃は物件①ないし③につき登記目録③の登記の，物件③につき登記目録④の登記の，物件④につき登記目録⑤の登記の各抹消登記手続をせよ。

Y₄は物件①につき登記目録⑥の登記の，物件②につき

登記目録⑦の登記の，物件③につき登記目録⑧，⑨の登記の抹消登記手続をせよ。

(請求原因)

(1) 先代Aは物件①～④を所有していた。

(2) Y₁は物件①～③につき登記目録①の登記を有する。

(3) Y₂は物件①～③につき登記目録②の登記を有する。

(4) Y₃は物件①～③につき登記目録③の登記を，物件③につき登記目録④の登記を，物件④につき登記目録⑤の登記を有する。

(5) Y₄は物件①につき登記目録⑥の登記を，物件②につき登記目録⑦の登記を，物件③につき登記目録⑧，⑨の登記を有する。

(6) Aは昭和63年10月4日死亡し，Xらが3分の1宛相続した。

(請求原因の認否)

Yらは(1)の事実を認め，Y₁は(2)，Y₂は(3)，Y₃は(4)，Y₄は(5)の各事実を認める。

(抗　弁)

(Y₁)

(1) Bは昭和60年1月17日頃Y₁との間でY₂から3500万円借り受けるため信用保証委託契約を締結した。

(2) Aは昭和60年1月11日頃Y₁との間でその信用保証委託契約上の債権担保のために物件①ないし③につき右借受額を極度額とする根抵当権設定契約を締結し，登記目録①の登記をした。

(Y₂)

(1) Aは昭和61年2月18日Y₂との間で物件①ないし③につき銀行取引，手形債権，小切手債権を被担保債権として極度額を2000万円とする根抵当権設定契約を締結して，登記目録②の登記をした。

(2) Y₂はAに同日1000万円を貸し渡し，Aは昭和61年4月18日を第1回とし以後毎月18日に10万円宛分割弁済し，昭和64年2月18日に残額660万円を支払う約束をした。

(3) Y₂はAに昭和61年2月28日，1000万円を貸し渡し，Aは昭和61年4月18日を第1回とし以後毎月18日に10万円宛分割弁済する，昭和64年2月18日に残額660万円を支払う約束をした。

(4) 利息につき年7.2パーセント，借入日から昭和61年4月18日までの利息を支払い，毎月18日に1月分を前払いする旨約束した。

(Y₃)

(1) Y₃はAの長男Cに対し昭和60年11月29日，700万円を弁済期昭和61年5月31日，利息年1割5分，損害金年3割の約定で貸し渡した。

(2) AはCを代理人としてY₃に対し物件④につき右貸金の担保のため抵当権設定契約を締結して，登記目録⑤記載の登記をした。

(3) Y₃はCに対して昭和61年3月20日，2000万円を弁済期昭和61年12月31日と定めたほか右同の約定によ

り貸し渡した。

(4) AはCを代理人として，昭和61年3月20日右債務担保のた物件①ないし③につき抵当権設定契約，物件③につき条件付賃借権設定契約を締結して，抵当権設定につき登記目録③の，条件付賃借権設定契約につき登記目録④の登記をした。

(5) Y_1の抗弁(3)と同旨

(Y_4の抗弁)

(1) Y_4はBにメリヤス商品を売り渡していた。

(2) Aは自ら，そうでなくともCを代理人として，昭和61年4月19日Y_4との間でBの右取引に関する債務担保のため物件①ないし③につき根抵当権設定契約，物件③につき条件付賃借権設定契約を締結して，抵当権設定につき登記目録⑥ないし⑧，条件付賃借権設定契約につき登記目録⑨の登記をした。

(抗弁の認否)

Y_1の抗弁中，(1)の事実は不知，(2)，(3)の事実は否認する。

Y_2の抗弁事実は否認する。

Y_3の抗弁中，(1)，(3)の事実は不知，(2)，(4)，(5)の事実は否認する。

Y_4の抗弁中，(1)の事実は認め，(2)，(3)，(4)の事実は否認する。

(再抗弁)

(1) Yらの主張のうち，Aの意思能力に関する認否とし

第2章 民法判例

て，Aはアルツハイマー，高度痴呆状態などにより昭和62年5月21日禁治産宣告を受けたのであるが，それに先立つ昭和58年8月頃には事理弁別能力を失っていた。

(2) Xらは昭和61年9月1日Cの死亡によりこれを相続したが，同年11月4日限定承認の申述をした。

(3) Aは昭和63年10月4日死亡し，Xらが相続したが，Cの相続につき限定承認をしたため無権代理の本人Aの相続により取得した物件①ないし④をもって無権代理人であるCの債務の履行をなす義務を負わない。(4)Aは本件訴訟提起により追認拒絶の意思表示をしたので，無権代理行為により生じた義務の履行責任を負わず，したがってAの法的地位を相続したXらもその履行義務を負わない。

(再抗弁の認否)

(1)の事実中Aが禁治産宣告を受けたことは認め，その余は否認する。

(2)の事実中，Cの死亡の事実は認め，その余の事実は不知，(3)の事実中，Aの死亡，Xらの相続の事実は認め，その余の事実は否認，(4)の事実は争う。

(再々抗弁)

(1) （Y₁～Y₄）前記抗弁中Y₁～₄がそれぞれ主張したAの行為がその長男Cの無権代理行為によるものであるとしても，Xらは，昭和61年9月1日無権代理人Cを相続し，その後本人Aを相続したので本人自ら根抵当権設定契約などの前記法律行為をしたと同様の地位にある。

(2) （Y₂）前記抗弁中Y₂が主張したAの本件根抵当権

設定に際して意思能力を有しなかったとしても，これに先立つ昭和59年7月17日にAはCに対して同じ不動産につき極度額4150万円の根抵当権設定登記をする権限を与えたのであり，本件根抵当権設定はその極度額減額変更契約によるものであり，その効力に影響はない。　仮にCが無権代理人であったとしても，AはY₂の行員(D)に対して右契約につき右根抵当権設定登記をする権限を与えた旨表示し，Dはこれを信じた。

(3) (Y₄) 前記抗弁中Y₂が主張した根抵当権設定契約につきCに代理権が欠けていたとしても，Aは日頃からCに財産等の管理を任せていたから，Y₄はCにこの点につき代理権があるものと信じるにつき正当な理由があった(民法110条, 112条)。

(再々抗弁の認否)

(1)の再々抗弁中，Xらがその主張のとおりにC，Aを相続したことは認めるが，その余は争う。(2), (3)の再々抗弁は否認する。

(Y₄の反訴)

(請求の趣旨)

Xらは，物件①につき登記目録⑥記載の，物件②につき登記目録⑦記載の，物件③につき登記目録⑧，⑨記載の，各根抵当権設定仮登記又は条件付賃借権設定仮登記に基づく本登記をせよ。

Xらは，それぞれ701万4437円及びこれに対する昭和

> 62年10月21日から完済まで年6分の割合による金員を支払え。
> (請求原因)
> (1) 本訴請求原因(1), (5), (6)の事実
> (2) 本訴Y₄の抗弁事実
> (3) Bは昭和61年11月11日神戸地方裁判所において破産宣告を受け，Y₄のBに対する破産債権は3317万0487円であり，1213万0174円の配当を受けたので，未払い債権が2104万3313円となり，XらのXらの相続分に応じた金額は701万4437円となる。Y₄はXら各自に対して同金額及びこれに対する反訴状送達の翌日である昭和62年10月21日から支払い済みまで商事法定利率年6分の支払いを求める。
> (請求原因の認否)
> (1)の事実は認め，(2)の事実中引用の本訴Y₄の抗弁中1の事実は認め，その余の事実は否認する。

　第1，2審は，Aが本件根抵当権設定及びその設定登記より前に脳循環障害のため意思能力を喪失しており，それらの行為はCの無権代理行為によりなされたことを認め，Aを代理する後見人の本件提訴により，Aは無権代理行為の追認拒絶の意思表示をしたことになることまでは認める。しかし，Cを介してAを代襲相続したXらは信義則上，Cの無権代理行為についてのAの追認拒絶の効果を援用できるかという点については，第1，2審はこれを否定した。

第1審はXらの本訴請求を棄却し，Y4の反訴請求を認容し，第2審は，第1審と同様の理由により控訴を棄却した。

上告審は，本人が無権代理行為の追認を拒絶した場合には，その後に無権代理人が本人を相続したとしても，無権代理行為が有効となるものではないと解し，本件においてAがYらに対して本件各登記の抹消登記手続を求める本訴を提起したから，AはCの無権代理行為について追認を拒絶したものというべきであり，Cがした無権代理行為はAに対し効力を生じないことに確定したとして，破棄自判した。

本件を検討するには，基礎知識として，無権代理，共同相続，代襲相続，限定承認，信義則，成年被後見人（平成11年民法改正前では禁治産者）などの知識を要する。

本件は訴訟メモの作成の整理の見地からいえば，請求原因，抗弁，再抗弁，再々抗弁という項目があって典型的な事案である。また，本訴，反訴といった請求の複数，通常共同訴訟といった当事者の複数の事案でもあり，民事訴訟法の学習にもなる。

ところで，相続は包括承継という特殊の権利変動の形態であり，無権代理及び他人の物の売買の場合には追認ないし同意といった未確定の法的地位を含み困難な問題を生じる。

ここに本件と関連する主な判例を掲げるとつぎのとおりである[注1]。

(1) 最判(2小)昭和37年4月20日民集16巻4号955頁
　　—本人単独相続型
(2) 最判(2小)昭和40年6月18日民集19巻4号986頁

第 2 章　民 法 判 例

　　　―無権代理人単独相続型
(3)　最判(3小)昭和 48 年 7 月 3 日民集 27 巻 7 号 751 頁
　　　―本人共同相続型
(4)　最判(3小)昭和 63 年 3 月 1 日裁判集民事 153 号 465 頁
　　　―順次相続型（[05]）
(5)　最判(1小)平成 5 年 1 月 21 日民集 47 巻 1 号 256 頁
　　　―無権代理人共同相続型
(6)　最判(3小)平成 6 年 9 月 13 日民集 48 巻 6 号 1263 頁
　　　―追認拒絶と信義則（[06]）

右各判例につき訴訟メモをとって分析するうちに，(1)最判（2小）昭和 37 年 4 月 20 日においては，XがYの先代Aから家屋を買い受けたという一つの社会的事実につき，Xは第 1 審では他人物売買と構成して家屋の所有権移転登記を請求していたのに，第 2 審では無権代理と構成して同様の請求をした。これは他人物売買と無権代理という二つの主張に相互に流動性があり得ることを示すものであり，訴訟メモをとることによって明らかになったことは興味深い(注2)。

　(注 1)　関連判例については，塩崎勤「最判(2小)平 10・7・17 評釈」金法 1550 号（平 11）24 頁,山本敬三「同」私法判例リマークス 1999 年（下）10 頁，春日通良「同判例解説」判解民平成 10 年度（平13）696 頁参照
　(注 2)　拙稿「判例による法の形成―他人物売買と相続を中心として―」久留米大学比較文化研究 24 輯（平 11）73 頁参照

(参照) 判解民 [29]，民法判百Ⅰ（第 5 版）[37]，時の判例Ⅱ私法
　　　(1)　［民 9］

[05] 最判(3小)昭和63年3月1日裁集民153号465頁，判時1312号92頁，判タ697号195頁

(名古屋地判昭和55年2月26日，名古屋高判昭和58年8月10日判時1106号80頁，判タ521号143頁，下民集34巻5～8号606頁)

(判決要旨)

□所有権移転登記抹消登記手続請求事件□

無権代理人を本人と共に相続した者がその後更に本人を相続した場合においては，当該相続人は本人の資格で無権代理行為の追認を拒絶する余地はなく，本人が自ら法律行為をしたと同様の法律上の地位ないし効果を生ずるものと解するのが相当である。

━━━━[標準訴訟メモ]（高裁判決に基づく）━━━━
X_1 （被控訴人・被上告人）　　　Y （控訴人・上告人）
X_2 （右同）
X_3 （右同）
(請求の趣旨)

YはXらに対し，目録記載の各土地につき所有権移転登記等（詳細記載は省略）の各抹消登記手続をせよ。

(請求原因)

(1) 目録記載の各土地（本件土地）はもとA所有であった。

(2) Aは昭和48年6月18日に死亡した。

(3) 子であるXらが相続した。

(4) 本件土地の登記簿上に請求の趣旨記載のYを権利者

49

第2章　民法判例

とする登記の記載がある。

(請求原因の認否) (3)の事実は不知，その余の事実は認める。

(抗弁)

⑴　本件土地はもと3360番1の土地の一部であった。Aは同土地を妻Bを使者として昭和35年7月頃分筆前の土地である3660番1をCに対し売り渡した。現況は農地でなかった。

⑵　仮にBが使者でなかったとしても，AはBに代理権を授与し，これに基づきCに売り渡した。

⑶　Cは前記3360番1から分筆された3360番3につき昭和35年8月15日頃Dに買主たる資格を譲渡した。その後E，F，Gを経由してYに譲渡された（詳細記載は省略）。

仮に本件各土地が農地であったとしても，Y取得地については昭和42年，43年頃農地法3条の知事の許可を受けた。

⑷　仮にAがBに代理権を授与していなかったとしても，Aは昭和28年以降精神病院に入院していたため，Bが民法761条所定の日常家事代理権の行使として，Cに譲渡した。

⑸　仮にBに代理権がなかったとしても，Bは昭和44年3月22日に死亡したためA及びXらはBの無権代理人たる地位を相続により承継し，Aも昭和48年6月18日に死亡しXらが相続したため，無権代理人が本人を相続した場合と同一となり，Xらは無権代理を理由に前記売買の無効を主張し得ない。

50

仮にBが本人のためにすることを示したことが認められないとしても、他人の物の売買となり前記の2度の相続により、Xらは売主たる義務の履行を拒むことはできない。

(6) Dは昭和35年8月15日頃Cから3660番3につき買主たる地位の譲渡を受けた。以後前記のとおり本件各譲受人は順次、善意無過失にて占有を開始し、前記のとおりそれ以後の譲受人及びYも同様に占有して、合計10年以上所有の意思を持って占有した。Yは遅くとも昭和45年8月15日の経過をもって本件土地の所有権を時効取得した。本訴において時効を援用する。

(抗弁の認否)

(1), (2), (4), (6)の事実は否認する。

(3)の事実中転々譲渡の経緯は不知、その余の事実は否認する。(5)の事実中B、Aの死亡の事実は認め、その余の事実は否認する。

(再抗弁)

(1) Bは無権代理人であった。Bが死亡し、本人たるAがXらと共に相続したが、その後Aも死亡したため、XらはA、Bの地位を相続し、Aの追認拒絶権を承継し、これを本訴において行使する。

Bが他人の物を売ったとしても、同様にXらはA、Bの地位を相続し、Aの履行拒絶権を承継し、これを本訴において行使する。

(2) YはXらと遠縁に当たり、近隣に居住しており、Aが長年精神病院に入院して治療を受けて、意思能力が欠如

第2章　民法判例

していることは知っていたので，本件土地をBが処分することにつき代理権を有しないことは知っていたし仮に知らなかったとしても知らなかったことにつき過失がある。

それにもかかわらずBの無権代理を理由に相続人であるXらに対し責任を追及することは信義則に反する。

(再抗弁の認否)

(1)の事実中，主張のとおり相続が開始したことは認めるが，その余の主張は否認する。(2)の前段の事実中，Aの精神病院入院の事実を知っていたこと，遠縁で近隣居住の事実は認めるが，その余の事実は不知。後段の事実は否認する。

(再々抗弁)

仮にXらが追認拒絶権ないし履行拒絶権を有しているとしても，その行使は信義則に反する。

本件分筆前の土地はBの父の所有であったところ，婿養子であったAが大正6年10月30日に家督相続したものであるが，Bは家つき娘として家政に強い発言力を持ち，Aが昭和27年に入院してからはBが一切を管理していた。

Bは昭和35年当時高血圧のため耕作できなかったため，B，X_2夫婦の生活はX_2の農協の給与によって賄われていた。X_2は昭和35年10月結婚したが，その費用，生計費も売却代金によって賄われていたと推測される。しかるに，A及びBが死亡するや，その事情を知りながら，本訴を提起した。YはBの遠縁に当たり，本件土地を買い受けたのは他意あってのことではない。

(再々抗弁の認否)
　争う。

　本件請求の性質は所有権（共有権）に基づく妨害排除請求である。

　本件の中心的な争点は，無権代理人を本人とともに本人以外の相続人が相続し，さらにその無権代理人を相続した相続人がその後死亡した本人を相続した場合に，相続人は無権代理の追認拒絶権の行使ができるかという問題である。選択的に他人物売買に関する主張があるが無権代理人の追認拒絶権と同列に考えられるので，以下無権代理に限って述べる。

　無権代理人が本人を相続した場合については，本人の法的地位の内容は追認拒絶権を有し，これを無権代理人が相続するので，無権代理人は自らは当該無権代理行為について無権代理人として，損害賠償，本人に代わる債務履行の義務があるが，他方相続人としては追認拒絶権を有することになる。しかし，ここでは無権代理人は信義則上追認拒絶権の行使はできないとするのが判例である（最判(2小)昭和37年4月20日民集16巻4号955頁）。

　これに反し，本人が無権代理人を相続した場合には，無権代理人の法的地位の内容は損害賠償，本人に代わる債務履行の義務を負うというものであるが，これを本人が相続する。そこでは，本人は追認拒絶権を有するが，他方相続した無権代理人の法的地位を承継すると損害賠償，本人に代わる債務履行の義務を負うことになる。ここでは本人に本来有する追認拒絶権を行使できないとする理由はないし，信義則上問題はない。ただし，本人は無権代

理人の法的地位を相続しているため，追認を拒絶したうえで，それらの責任を負担することになろう。

そこで本件は，本人（夫）及び子が無権代理人を相続し，その後子が本人を相続した場合である。

まず，本件原審判決は「無権代理人が本人を相続した場合に追認を拒絶することが信義則上許されないとされるのは，当該無権代理行為を無権代理人自らなしたという点に存する……。」と述べ，「無権代理行為を自らなしていないという点においては，無権代理人を相続した者が本人であっても，本人以外の相続人であっても異なるところはないから，無権代理人を相続した本人に追認拒絶権を認める以上，無権代理人を相続した後本人を相続した相続人についてのみ追認拒絶権を認めないとする根拠は見出し難いといわなければならない。」と判示して，原告の請求を認容する第1審判決を是認して控訴を棄却した。

他方，上告審は上記原審判決と異なる発想をしている。無権代理人を相続した本人以外の相続人は無権代理人と同一の法的地位にあるものとして本人と異なる扱いをすべきであると考え，この地位にある本人以外の相続人が本人を相続した場合には無権代理人が本人を相続した場合と同様に考えている。そうすると，原審判決が前提とする「当該無権代理行為を無権代理人自らなしたという点に存する」ということ自体が問題となる。当該無権代理行為を無権代理人自らなした者に追認拒絶権を与えることが信義則に違反するというのであり，同様にその無権代理人を相続した本人以外の相続人に追認拒絶権を与えることが信義則に違反するといえないかという点についてあらためて問い直すべきである。上

告審はこれを肯定する旨の判示をして原判決を破棄して事件を差し戻した。

訴訟メモ作成に関して注意を要するのは、原審判決が無権代理及び他人物売買に関する事実主張を抗弁として整理している点である。被告（控訴人）の見解によると本件の二重相続の発生により無権代理の追認拒絶権の行使も、他人物売買の履行拒絶権の行使も最終相続人に許されないとの見解を取る限り抗弁事由となるが、他方原告（被控訴人）の見解にように、本件の二重相続の発生があっても無権代理の追認拒絶権の行使も、他人物売買の履行拒絶権の行使も最終相続人に許されるとの見解を取れば追認・履行拒絶権の行使の事実は再抗弁事実となろう。事実整理においては当事者の法的見解が分かれる場合で、これに伴い主張立証責任が異なることになれば、これにしたがって双方を記載することが相当であろう。再抗弁事実を加えたのはこのような考えによる。ただし、理由中の判断では、裁判所は自らの見解を示して一義的に判断することになる。

さらに、本件控訴審判決の再抗弁事実らんにおいて、ひとつの社会的事実を、一方では無権代理の追認拒絶の問題として主張しながら、他方では他人の物の売買における本人の履行拒絶の問題としても主張しており、一つの事実を法的効果の異なる二つの攻撃防御方法として使った事例として見ることができる。同様の事例は前掲最判(2小)昭和37年4月20日民集16巻4号955頁の第1審と第2審との判決の事案にも見られる。

[06]　最判(3小)平成6年9月13日民集48巻6号1263頁

第 2 章　民 法 判 例

(東京地判平成元年 7 月 18 日，東京高判平成 4 年 6 月 17 日)
□損害賠償請求事件□

(判決要旨)

　禁治産者の後見人が，その就職前に禁治産者の無権代理人によって締結された契約の追認を拒絶することが信義則に反するか否かは，(1)契約の締結に至るまでの無権代理人と相手方との交渉経緯及び無権代理人が契約の締結前に相手方との間でした法律行為の内容と性質，(2)契約を追認することによって禁治産者が被る経済的不利益と追認を拒絶することによって相手方が被る経済的不利益，(3)契約の締結から後見人が就職するまでの間に契約の履行等をめぐってされた交渉経緯，(4)無権代理人と後見人との人的関係及び後見人がその就職前に契約の締結に関与した行為の程度，(5)本人の意思能力について相手方が認識し又は認識し得た事実など諸般の事情を勘案し，契約の追認を拒絶することが取引関係に立つ当事者間の信頼を裏切り，正義の観念に反するような例外的な場合に当たるか否かを判断して，決しなければならない。

------[標準訴訟メモ]------

X　(控訴人・被上告人)　　　　Y　(被控訴人・上告人)
(請求の趣旨)

　YはXに対し，4000万円及び昭和63年3月12日から完済まで年5分の割合による金員を支払え。
(請求原因)

　(1)　Xは昭和56年2月17日，Yにおいて自己の財産の

管理処分について代理の権限を与えていた姉A，同B及び母Cとの間で，YはXに本件建物につき引渡までにXとの間で本契約をすること，Yの都合で本契約締結ができないときはYはXに対し4000万円を支払うことを内容とする賃貸借予約を締結した。

(2) Xは昭和57年4月下旬頃本契約の締結を請求したが，Yはこれを拒絶した。

(3) XはYに対し本訴において上記金員の支払を請求し，その日は昭和63年3月12日である（本件訴状送達日の翌日）。

(請求原因の認否) (1)，(2)は否認する。

(抗弁) Yは生来無能力者で意思能力がない。

(抗弁の認否) 否認する。

(再抗弁)

本件建物はYと同居しているA，C及び同人等の近くに居住するBが20年近く事実上の後見人としての立場で管理してきたものであり，同人らが本件予約をしたことはYの利益保護に欠けるところはない。Bは後記の禁治産宣告につきYの後見人となったところ，上記のとおり本件予約に関与しておりながらその後になって追認を拒絶することは信義に反し権利濫用である。

また，前記A，B及びCは，差戻前の第1審においてXのYに対する請求が認容されるやYにつき禁治産宣告の申立てをして，同宣告を受け，本件予約の無効を主張するのは無能力者制度の悪用である。

第2章　民法判例

（再抗弁の認否）　争う。

　差戻前第1審は請求を認容し，差戻前第2審は訴状送達の受領，訴訟代理権の授与が意思無能力者Yの行為であって無効であることを理由に差戻した。

　差戻後第1審は請求を棄却した。その理由として，Yは生来の事理分別能力を有しなかったものであり，姉A，同B，母Cはその代理人として本件予約を締結する権限はなかったこと，事実上それらの者が代理行為をしたとしても，民法上の無能力者制度の趣旨からみて，それに法的効力を認めがたいこと，後見人において他人を不当に害する等の不法な意図から無効主張をするなど特段の事情が認められる場合に例外を認めざるを得ないが，本件はそれに当たらないこと，後見人に就職前の行為とその後の行為に矛盾する行為があったとしても，それを信義則違反と評価することは無能力者制度の趣旨を没却するものであること，本件において後見人に選任されたBが本件予約の追認を拒絶することは職責上やむを得ないことであり，前記の不法な意図が認められない本件においては信義則違反とは言えないことを掲げている。

　差戻後第2審は本件予約はAの無権代理行為であるが，Aが事実上の後見人として旧建物の管理をなし，本件予約も同様にAがなしたものであり，本件予約を履行さえすればYの利益を侵害するものではないのであり，後見人Bにおいて本件予約の追認を拒絶してその効力を争うことは信義則に反するとして，請求を認容した。

　上告審は上記判決要旨記載のような詳細な信義則の適用基準を

示して破棄差戻した。

　信義則は本件事案では再抗弁において主張され，差戻後第2審においても判示されている事項である。その内容はBの前後矛盾した行為を指摘するものであり，上告審の示した基準でいえば精々(1),(3),(4)に該当する事実といえよう。信義則は一般条項に属する事項であり，事案ごとに多様な内容を含む要件事実の一つである[注1]。それゆえ，多くの場合信義則の主張に関しては原告，被告双方から自己に有利と思う多様な事実主張がなされるのが通常であるが，事実審の判決記載から見る限り上記の種類の事実が主張され，審理されているにすぎない。

　上告審は，事実審として釈明権を行使し，さらに主張，立証を尽くさせて判断すべきであるとした。特に，本件予約における4000万円の損害賠償額の予定が他に譲渡した譲渡の対価等と比較してXにおいて旧建物の賃借権を抛棄する不利益と合理的な均衡がとれたものであるか否かなど検討すべきであるとする。

　なお，本件最判の読み方として，最判理由欄（民集1265頁）2行目に「記録上明らかな本件訴訟の経緯」という表現が加えられている点に注意して欲しい。上告審がなぜこのような事実を考慮してよいのか。それは本件では信義則の適用も審査の対象になり，それは職権調査事項である法令違反の審査となるからであると解される。それに当たる事実は最判理由欄の一の7項に当たると解される。さらに，最判理由欄（民集1270頁）3行目括弧内に「記録によれば，……がうかがわれる。」という記載があるがこれも同様の理由によるものと解される（民訴法321条，318条，325条

2項参照)。

(注1) 信義則の内容につき菅野耕毅・信義則および権利濫用の研究（平6）18頁以下，信義則の要件事実論における位置づけにつき司法研修所（編）・増補民事訴訟における要件事実　第1巻（平10）15頁以下参照

（参照）判解民 [26]，時の判例 II 私法(1)［民2］

要件事実論序説―「訴訟メモ」のすすめ

5 消滅時効の援用

[07] 最判(1小)平成11年10月21日民集53巻7号1190頁
(和歌山地判平成8年10月17日,大阪高判平成9年6月26日)
□根抵当権抹消登記手続請求事件□

(判決要旨)

　後順位抵当権者は，先順位抵当権の被担保債権の消滅時効を援用することができない。

[新様式判決訴訟メモ](控訴審判決に基づく)

X₁(控訴人・上告人)　　Y(被控訴人・被上告人:県商工
X₂(同上)　　　　　　　信用組合)

(請求の趣旨)

　Yは，X₁に対し，物件目録記載の①〜⑰の各不動産についての，X₂に対し，④〜⑰の各不動産についての，それぞれ根抵当権目録記載の根抵当権設定登記(ないし根抵当権変更登記)の各抹消登記手続をせよ。

(請求原因)

(1)　YはAとの間で手形取引，手形割引，証書貸付，当座貸越などの継続的取引契約を締結し，①〜⑰不動産につきAのYに対する債務を担保するため極度額1億5000万円とする根抵当権を設定し根抵当権設定登記を経由した。YはAに昭和52年3月31日に2億4300万円の手形貸付をし，最終弁済期は昭和53年12月31日となっている。

(2)　X₁は下記の登記のとおりの後順位抵当権者である。

①〜③不動産につき極度額2億5000万円とする昭和53

第2章 民法判例

年4月1日受付根抵当権設定登記に係る根抵当権がX₁に移転した旨の平成4年12月17日受付根抵当権移転付記登記，④，⑧～⑯不動産につき極度額2億5000万円とする昭和53年11月10日受付根抵当権設定登記に係る根抵当権がX₁に移転した旨の平成4年12月17日受付根抵当権移転付記登記，⑤～⑦，⑰不動産につき3億7000万円の貸金債権を被担保債権とするX₁を抵当権者とする昭和59年6月23日受付抵当権設定登記，⑧～⑯不動産につき10億円の貸金債権を被担保債権とする昭和57年6月29日受付抵当権設定登記にかかる各抵当権がX₁に移転した旨の平成5年3月2日受付根抵当権移転付記登記がある。

(3) X₂は④～⑰の不動産の第三取得者である。

(4) 本件貸付金は昭和53年12月31日から5年を経過した昭和58年12月31日の経過により時効消滅した。X₁は後順位担保権者として，X₂は第三取得者として，いずれも消滅時効につき直接に利益を受けるべき者であり，本訴においてYに対し消滅時効を援用し，根抵当権設定登記の抹消登記手続を求める。

(請求原因に対する認否）(1)ないし(3)（前提事実），(4)争う。

(抗　弁)

Aは平成元年5月2日債務を承認した。Aの実質上の代表者Bは昭和60年1月23日債務を承認し，さらに，Bは一方では弁済の態度を装いながら，他方ではX₁，X₂らに登記上の名義を移転してYが法的手続をとることを逡巡させたのであり，消滅時効の援用は権利濫用である。

（抗弁に対する認否）争う。

　対抗要件の主張・立証責任はこの欠缺を主張する当事者にあるという見解[注1]に従った。

　第1審は，民集において省略されているが，結論は民集の冒頭の当事者欄の記載及び第2審判決の記載からみると請求棄却と解される。

　第2審は，控訴棄却（請求棄却）である。後順位抵当権者は先順位抵当権の被担保債権の消滅時効援用権者たりえないし，登記簿上所有名義者であっても，実体の伴わない場合には第三取得者とはいえないので消滅時効援用権者たりえないことを理由とする。

　上告審は，後順位抵当権者が先順位抵当権の被担保債権の消滅時効援用権者となりうるかという点について，これを否定し，その他の点については原審の専権に属する証拠の取捨選択，事実認定を非難するのみとして，すべての上告を棄却した。

　要件事実の整理についてみよう。請求は原告が2人の共同訴訟であることから各人の請求となり，各人につき抵当権抹消登記手続を内容とする請求が，求める登記の数だけ含まれている事例である。請求原因としてはYの抵当権の存在，X_1は後順位抵当権者であること，X_2は第三取得者であること，Yの抵当権の被担保債権が時効期間を経過していること，X_1，X_2が消滅時効を援用する意思表示をしたことであり，抗弁として，Aが債務を承認したこと，又は消滅時効の援用が権利濫用にあたるということである。

第2章 民法判例

　本件では請求原因に関する判断として，X₁は後順位抵当権者であるがそもそも先順位抵当権の被担保債権の消滅時効を理由とする時効援用権がないという理由で棄却され，X₂は名義上は第三取得者であるが実体の伴わない者であり結局所有権を取得していないという理由で棄却され，抗弁の判断に及ばないまま，最終判断ができた事例である。したがって本件では債務の承認，消滅時効援用権濫用の成否についての原審の判断を見ることができない。

（注1）　司法研修所編・民事訴訟における要件事実第1巻（増補版・平10）248頁

（参照）判解民 [24]，民法判百Ⅰ（第5版）[41]，時の判例Ⅱ私法⑴ [民14]

[08]　最判（2小）昭和48年12月14日民集27巻11号1586頁
　　　（東京地八王子支判昭和44年5月30日，東京高判昭和45年4月24日）
　　　□土地建物抵当権設定登記抹消登記手続請求事件□
　　　（判決要旨）
　　　抵当不動産の譲渡を受けた第三者は，抵当権の被担保債権の消滅時効を援用することができる。

━━━━━━━━━━━[標準訴訟メモ]━━━━━━━━━━━
　X　（控訴人・上告人）　　Y　（被控訴人・被上告人：会社）
（請求の趣旨）
　YはXに対して，本件不動産につき，東京法務局八王子

64

支局昭和33年12月12日受付第12896号をもってした抵当権設定登記，同支局昭和34年4月21日受付第4897号をもってした抵当権変更付記登記の抹消登記手続をなせ。
(請求原因)

(1) Ｘは昭和37年9月4日本件不動産につきＡから代物弁済によって所有権を取得した。

(2) ＹはＡ請求の趣旨記載の各登記を有している。

(請求原因事実に対する認否)

認める。

(抗　弁)

ＹはＡに対して昭和33年11月14日に，200万円を弁済期昭和36年3月15日，利息年1割5分。期限後日歩8銭2厘と定めて貸渡し，Ａはその所有に属する本件不動産及びその余の不動産につき貸金債務担保のために抵当権を設定して登記を経由し，その後本件不動産を除くその余の不動産については抵当権を解除したため本件不動産につきその旨付記登記をした。

(抗弁に対する認否)(争う)

(再抗弁)

(1) Ｙ及びＡは商事会社である。

(2) 仮に被担保債権の発生が認められたとしても，ＹのＡに対する債権は昭和33年11月14日から5年を経過し，昭和38年11月13日の経過により時効により消滅した。

(3) Ｘは請求原因記載の経緯により本件不動産の所有者であり，抵当権の被担保債権の消滅時効により直接に利益

第 2 章　民 法 判 例

> を受けるべきものであるので，消滅時効を援用する。
> （再抗弁の認否）
> 　(1) の事実は認めるが，その余の事実は争う。第三取得者は時効の援用権を有しない。
> （再々抗弁）
> 　Aは，右債務を昭和39年7月末及び昭和41年5月末頃承認し，時効は中断した。
> （再々抗弁の認否）（争う）

　一般に，「争う」という表現は「否認」よりも包括的な内容を表す。細かく各事実の認否をすれば部分的には認めるものもあるが全体の趣旨からみて全体につき立証を必要とする場合に用いる。また法的意見に対する異論の意味もある。判決起案のモデルとしては好ましくない表現と評価されているが，実務上捨てがたい表現であるだけでなく，少なくとも法的意見に対する端的な反対意見として記載される場合にはその批判は当たらないと思う。

　1審は請求を棄却した。第三取得者は時効の援用権を有しないことを理由とする。
　2審は同じ理由で控訴を棄却した。
　上告審は破棄して差戻す。第三取得者は時効の援用権を有すると解する（大判明43年1月25日民録16輯1巻22頁を変更）。原審は民法145条の解釈適用を誤ったとする。

　要件事実の整理について述べる。請求原因以下についてみると，第1審判決（第2審判決はこれを引用）の「請求原因」には請求原

因及び再抗弁事実を含んでおり,「答弁ならびに主張」にも抗弁及び再々抗弁事実を含んでいる。それゆえ,要件事実を整理する見地からこれを振り分ける必要がある。このようなことは実務上はしばしば生じることである。理論的な要件事実整理としていえば,請求原因として,Xが本件不動産につき代物弁済により所有権を取得したこと,本件不動産につきYの抵当権設定登記及び付記登記の存在であり,抗弁として,YがAに200万円を貸渡したなど登記原因に相当する事実が存すること,再抗弁として,その被担保債権は商事時効の5年の消滅時効にかかったこと(ただし,本件では被担保債権の弁済期はXの主張によると,昭和36年3月15日であるから,Xの再抗弁中昭和38年11月13日の経過により時効消滅した旨の主張は主張自体失当であると解される。),Xはこれを援用すること,再々抗弁として,時効中断,第三取得者は被担保債権の消滅時効の援用権を有しないことである。

以上の消滅時効の援用に関する前掲 [07], [08] の判例について,要件事実整理の観点から注意すべき点を述べる。

時効の援用は積極的に援用権の行使の主張を必要とし,単に時効期間の経過の事実の主張だけでは十分でない。通常,判決書には「消滅時効を援用し」とか「消滅時効を援用する」とかいった表現が事実記載にみられるのはこのためである。このような表現は時効の援用権の性質からくるもので一般に承認されているものである。これを「抗弁権(Einrede)」と「抗弁(Einwendung)」との違いという観点からいえば時効の援用権は前者に属する。

(参照) 判解民 [30]

第2 物　　権

1　不動産物権変動と第三者（背信的悪意者）

[09]　最判（3小）平成8年10月29日民集50巻9号2506頁
（松山地判平成2年2月19日，高松高判平成5年3月25日）
□公道確認等請求事件□
（判決要旨）

　所有者甲から乙が不動産を買い受け，その登記が未了の間に，甲から丙が当該不動産を二重に買い受け，更に丙から転得者丁が買い受けて登記を完了した場合に，丙が背信的悪意者に当たるとしても，丁は，乙に対する関係で丁自身が背信的悪意者と評価されるのでない限り，当該不動産の所有権取得をもって乙に対抗することができる。

[最判に基づく簡易訴訟メモ]（①事件関係）

X（被上告人・被控訴人・附帯控訴人・①事件原告：市）
Y（上告人・控訴人・附帯被控訴人・①事件被告）
（請求の趣旨）
　本件土地が○○号線の敷地であることを確認する。
　YはXに対し右土地上建物バリケード，その他通行の妨害となる一切の物件を撤去して右土地を明け渡せ。
　YはXに対し本件土地につき，真正な登記名義の回復を原因とする所有権移転登記手続をせよ。
（請求原因）

第 2 物 権

　(1)　Xは昭和30年3月1日本件土地をその所有者Aから道路用地のために買い受けた。
　(2)　Yは本件土地上に建物，バリケード等を建設，設置している。
(請求原因の認否)　(1)は不知，(2)は認める。
(抗　弁)

　仮に請求原因(1)の事実が認められるとしても，Bが本件土地の所有者Aから買い受けて，移転登記を経て，その後C，Dへと転々譲渡された後Yがこれを買い受け，移転登記を経たものである。Xは本件土地につき移転登記を経ていないため対抗できない。
(抗弁の認否)　本件土地をB，C，Dを順次へてYが買い受けたことは不知，その余は否認する。
(再抗弁)

　仮に抗弁の事実が認められるとしても，Bは本件土地をXが買い受けていることを知り，害意を以て譲り受けた者であるので，背信的悪意者であり，Bから順次買い受けたC，D，YもXに対抗できない。
(再抗弁の認否)　否認する。

―――――――――[標準訴訟メモ]―――――――――

X（被上告人・被控訴人・附帯控訴人・①事件原告・②事件被告：市）

Y（上告人・控訴人・附帯被控訴人・①事件被告・②事件原告）

要件事実論序説―「訴訟メモ」のすすめ

① 事　件
(請求の趣旨)

(1) 本件土地が旧新玉286－1号線の敷地であることを確認する。

(2) YはXに対し右土地上建物バリケード，その他通行の妨害となる一切の物件を撤去して右土地を明け渡せ。

(3) YはXに対し本件土地につき，真正な登記名義の回復を原因とする所有権移転登記手続をせよ。

(請求原因)

(1) 本件土地はもとA所有であったところ，Xは市道敷地とするため昭和30年3月1日Aから買い受けた。

(2) (a)(仮)Xは同年4月30日から本件土地につき占有を開始し，その20年後である昭和50年4月30日の経過により時効により本件土地の所有権を取得した。

(b)Xは本訴において時効を援用した。

(3) Yは，本件土地につき昭和60年8月14日付けの所有権移転登記を有する。

(4) Yは，本件土地上にプレハブ建物2棟及びバリケードその他の物件を設置している。

(請求原因の認否)

(1) の事実中，本件土地はもとA所有であったことは認めるが，その余は否認する。

(2) (a)の事実は否認する。(3)の事実は認める。(4)の事実は否認する。

(抗弁)

71

第 2 物 権

(1) 本件土地はAからBに昭和57年10月25日に，その後BからCに，CからDに順次譲渡され，かつその頃所有権移転登記がなされ，YはDから同60年8月14日に1億5000万円で買い受け，同日所有権移転登記を受けた。

(2) Xは本件土地につき登記を有しないから，所有権取得をYに対抗できない。

(3) Xの本件土地の占有は他主占有である。すなわち，Xは本件土地につき昭和56年まではAから固定資産税を徴収していたし，同58年本件土地の登記簿上の所有名義人からの申請により，Xが所有者でないことを前提として，本件土地とその東側に接続する県道との間の境界査定をした(注1)。

(抗弁の認否)

(1) の事実中本件土地につき所有権移転登記がなされていることは認めるが，その余の事実は否認する。本件土地につきAからBに売買契約がなされたとしても，Bの実質的経営者MとAの代理人Nとの間でなされたものであるが，Nには代理権がなかった。

(2) につき，Xの本件土地上の権利は公法的所有権であり，民法177条の適用がない。

(3) の事実は否認する。

(再抗弁)

(仮) MとNとの売買契約は当時6000万円に近い金額であったのに500万円で売買したというのはAの世事に疎い点に乗じてなされた暴利行為であって無効である(控訴審

にて追加主張)。

(仮) また，Mは融資者を欺罔し無価値なもしくは存在しない土地を担保に供し1億円を超える融資を受ける目的で本件土地を購入したのであって，詐欺の準備行為に該当し右売買は公序良俗に反し無効である（控訴審にて追加主張）。

(仮) Yは背信的悪意者であるので，Xの本件土地上の所有権取得につき登記の欠缺を主張できない。

(再抗弁の認否)

すべて否認する。

② 事　件

(請求の趣旨)

　XはYに対し5000万円及び昭和61年3月2日から支払い済みまで年5分の金員を支払え。

(請求原因)

(1)　Yは土木建設及び建築業並びにその請負業務，不動産売買仲介業等，これらに付帯する一切の業務を目的としている。

(2)　①事件抗弁(1)記載のとおり。

(3)　Xは本件土地が自己の所有であり，かつ市道敷地であると主張して，Yに対し，昭和60年12月5日に本件土地につき仮の地位を定める仮処分を執行した。

(4)　しかし，本件土地はYの所有であり，このことはその保存する資料によれば容易に判明したことであり，Xはその調査を怠った過失がある。従ってXの右仮処分は不法

第 2 物 権

> 行為となる。
> 　(5)　Yは投下資本が利用できないことによる損害 6750 万円，建設予定ビルによる営業活動の収益減 7610 万円及び信用失墜による精神的損害 5000 万円を被ったが，内金請求として 5000 万円を請求する。
> (請求原因の認否)
> 　(1)は不知，(3)は認め，(4)，(5)は否認する。(2)の事実の認否は①事件抗弁の認否(1)記載のとおり。
> (再抗弁・その認否)
> 　①事件再抗弁・その認否記載のとおり。

　第 1 審は，①事件につき，(a)Xは本件土地を所有者Aから松山市道敷地とするため昭和 30 年 3 月 1 日買い受けたことを認め，分筆などの手続の混乱のため，所有権移転登記手続ができないまま放置されたこと，その後本件土地はAからBに，次いでCへ，さらにDへ順次譲渡され，かつその頃所有権移転登記がなされ，YはDから同 58 年 8 月 14 日に買い受けたことを認め，(b)B及びこれに続く買受人及びYに背信的悪意者といえる事情は認められないとして，(c)XはYに対し登記の欠缺のためその所有権取得を対抗できないとした。(d)しかし本件土地は松山市道敷地となっているため，Xは道路管理権を有するので，これに基づき本件土地が松山市道敷地であることを確認し，同地上に存する建物（プレハブ），バリケード，その他の通行の妨害となる物件を撤去して，同土地の明渡を求めることができるが，所有権移転登記手続を求める権利はないとして，その旨の一部認容の判決をした。②事件

については，上記理由からXの仮処分は正当であり，不法行為を構成しないとしてYの請求を棄却した。

第2審は，①事件につき，右(a)の事実を認め，抗弁として追加主張した2点については認めるべき事実はないとして，背信的悪意者の主張についてBは本件土地が既にXに売り渡され，事実上市道となり，長年一般市民の通行のように供されていたことを知っていたが，X名義に所有権移転登記がなされていないことを奇貨としてこれを買い受け，道路を廃止して自己の利益を計ろうとしたものと認めることができるとして，背信的悪意者であると認め，これに続くYを含む買受人はXに対して自己の所有権取得を対抗できないとして，Xの請求を認容し，その他Xの道路管理権に基づく本件土地が市道新玉47号線の道路敷地であることの確認を求め，道路上の妨害排除請求については第1審と同様にXの請求を認容して控訴を棄却した。②事件については，右の理由からXの仮処分は正当であり，不法行為を構成しないとしてYの請求を棄却した。

上告審は「所有者甲から乙が不動産を買い受け，その登記が未了の間に，丙が当該不動産を甲から二重に買い受け，更に丙から転得者丁が買い受けて登記を完了した場合に，たとい丙が背信的悪意者に当たるとしても，丁は，乙に対する関係で丁自身が背信的悪意者と評価されるのでない限り，当該不動産の所有権取得をもって乙に対抗することができるものと解するのが相当である。けだし，(1)丙が背信的悪意者であるがゆえに登記の欠缺を主張する正当な利益を有する第三者に当たらないとされる場合であっても，乙は，丙が登記を経由した権利を乙に対抗することができな

いことの反面として、登記なくして所有権取得を丙に対抗することができるというにとどまり、甲丙間の売買自体の無効を来すものではなく、したがって、丁は無権利者から当該不動産を買い受けたことにはならないのであって、また、(2)背信的悪意者が正当な利益を有する第三者に当たらないとして民法177条の『第三者』から排除される所以は、第1譲受人の売買等に遅れて不動産を取得し登記を経由した者が登記を経ていない第1譲受人に対してその登記の欠缺を主張することがその取得の経緯等に照らし信義則に反して許されないということにあるのであって、登記を経由した者がこの法理によって『第三者』から排除されるかどうかは、その者と第1譲受人との間で相対的に判断されるべき事柄であるからである。」(判決理由)と判示して、土地所有権移転登記手続請求に関する部分について原判決を破棄して原審に差戻した。

本件は、①事件において、所有権に基づき真正名義回復を原因とする所有権移転登記手続請求、道路管理権に基づき本件土地が松山市道新玉47号線の敷地であることの確認を求める請求、所有権、占有権、道路管理権に基づき、同土地上の通行妨害物の撤去及び同土地明渡請求を含み、②事件では不法行為に基づく損害賠償請求及び遅延損害金請求を含む。原告及び被告のそれぞれの客観的な単純併合事件である。

行政法上の道路管理権に基づく確認請求及び妨害排除請求が本件では特徴的である。本件上告審判決はX(市)が道路管理者としての本件土地の管理権(道路法18条参照)に基づき本件土地が市道の敷地であることの確認を求めるとともに、本件土地上にY

が設置したプレハブ建物及びバリケード等の撤去を求めることができるものというべきである旨判示して，原審のこの点に関する民事訴訟手続上の扱いを含めてその結論を是認したものと解される。

(注1) 取得時効の主張に対する他主占有の抗弁につき，司法研修所編・紛争類型別の要件事実（平11）68頁参照

(参照) 判解民 [32]，民法判百Ⅰ（第5版）[57]，時の判例Ⅱ私法(1)［民26］

第 2 物 権

2 隣地通行権と建築基準法

[10] 最判(1小)昭和 37 年 3 月 15 日民集 16 巻 3 号 556 頁
(東京地判昭和 31 年 9 月 7 日下民集 7 巻 9 号 2420 頁, 東京高判昭和 34 年 8 月 7 日高裁民集 12 巻 7 号 289 頁)

□通行権確認事件□

(判決要旨)

土地が路地状部分で公路に通じており, 既存建物所有により該土地の利用をするのになんらの支障がない場合, その路地状部分が東京都建築安全条例第 3 条所定の幅員に欠けるとの理由で増築につき建築基準適合の確認がして貰えないというだけでは, 民法 210 条の囲繞地通行権は成立しない。

[最判に基づく簡易訴訟メモ]

X (控訴人・上告人)   Y (被控訴人・被上告人:東急電鉄)
(請求の趣旨)

Xが別紙土地部分に通行権を有することを確認する。

(別紙略)

(請求原因)

(1) X所有地は, Y所有地の南東部に隣接しその東北部が路地状をなしてY所有地の北東に隣接しながら八景坂通に通じていて, その路地状部分は長さ 20 メートル 36 センチ, 幅 2 メートル 18 センチであり, その他の部分は囲繞されている。

(2) XはX所有地上の既存建物所有のために使用するに

は通行に支障はないが，これを増築するには，条例上さらに請求の趣旨記載の土地部分の拡幅を必要とする。乙地のため損害最も少ない場所がこの部分である。

(請求原因の認否)

　Y所有地が請求原因記載の部分であること及び条例記載事実は認めるが，X所有関係は不知，その余は否認する。

―――――――――――[標準訴訟メモ]―――――――――――

X（控訴人・上告人）　Y（被控訴人・被上告人：東急電鉄）

(請求の趣旨)

　Xが別紙記載A，B，C，D，Aの点を順次連結する直線で囲まれた部分に通行権を有することを確認する（別紙略）。

(請求原因)

(1)　甲土地はX所有地であり，乙土地はY所有地で，甲土地に隣接している。

(2)　乙土地は国鉄線大森駅北口の北々東八景坂通に面してその南東部に存し，甲土地は乙土地のさらに南東部に隣接しその東北部が路地状をなして乙土地の北東に隣接しながら八景坂通に通じている。

(3)　その路地状部分は長さ20メートル36センチ，幅2メートル18センチである。甲土地はその他の部分を乙土地及びその他の土地に囲繞されている。

(4)　Xは甲土地で木造瓦葺平屋建店舗1棟30坪を所有し，ダンス教習所に使用している。

第2 物　権

> (5)　路地状部分は通路として使用しており，手狭のため建坪30坪の増築計画したところ，東京都建築安全条例によると長20メートル以上30メートル未満の通路のみによって公路に通じる土地には幅員3メートル以上なければ建築許可しない旨の規定がある。そのため乙地につきさらに82センチの拡幅を要する。乙地以外には通行可能地はなく，乙地につき損害最も少ない場所が請求の趣旨記載の土地部分である。
>
> (請求原因の認否)
>
> (1)の事実中，甲土地がX所有であることは不知，その余の事実は認める。
>
> (2)，(4)の事実は認める。
>
> (3)の事実中，路地状部分は長さ，幅が原告主張のとおりであることは否認する。その余の事実は不知
>
> (5)の事実中，条例の内容，存在は認めるが，その余の事実は不知ないし否認する。

　第1審は，建築基準法等による建築制限を受けているときはその土地はその宅地としての使用目的に供するにつき公益上用法制限を受けているのであって，欲するに委せていかなる建築物の建築所有しても妨げないものではなく，この制限内の建築利用を許されるにすぎない，として本件請求を棄却した。

　第2審は，囲繞地通行権は土地の利用関係を調節するために認められるものであるから，土地の用法に従った利用のために通路を開設又は拡張する必要があるかどうかは，具体的に相隣関係に

要件事実論序説—「訴訟メモ」のすすめ

おける諸般の事情を考慮して決めなければならないとして，この見地から原告の事情と被告の事情とを認定して対比し消極に判断した。

この第2審の見地は，建築基準法等による制限があってもそれ自体で，公益上用法制限を受けた土地としてこれを越える建築するための通行権の主張を否定するものではない点で第1審及び上告審の見地とは異なる。

上告審は「原審の確定した事実関係によれば，上告人所有の土地は，原判示路地状部分（幅2メートル28センチ，長さ20メートル45センチ）で公路に通じており，既存建物所有により右土地の利用をするのになんらの支障はない。ただ上告人は，その主張の如き建物を増築する計画をもっており，その増築を実現しようとするのには，右路地状部分は，建築基準法に基き制定された東京都建築安全条例3条所定の所要幅員に欠けるところがあるため，建築基準適合の確認をして貰えない，というのである。

このような事実関係の下で，上告人は民法210条の囲繞地通行権を主張するのであるが，その通行権があるというのは，土地利用についての往来通行に必要，欠くことができないからというのではなくて，その主張の増築をするについて，建築安全条例上，その主張の如き通路を必要とするというに過ぎない。いわば通行権そのものの問題ではないのである。

してみると，本件土地をもって，民法210条にいわゆる公路に通ぜざるときに当る袋地であるとし，これを前提として，主張のような通行権の確認を求めようとする上告人の本訴請求は，主張自体において失当たるを免れず，従ってこれを排斥した原判決は，

81

第 2 物 権

結局において正当であるといわざるを得ない。」(判決理由) と判示した。

　この判例は公法私法峻別論に立った論理であったため,事後の判例及び裁判例の動きから判例の変更が期待されていたが,ほぼ同様の事案について,最判(3小)平成11年7月13日裁集民193号427頁,判時1687号75頁,判夕1010号235頁はこの先例を踏襲する判例を公にした。そのうえ,この平成11年判例は一建物一敷地の原則というもう一つの建築基準法上の要請も考慮すべきであるとしている[注1]。

　なお,関連する判例として最判(1小)昭和43年3月28日裁集民90号813頁及び最判(3小)昭和49年4月9日裁集民111号531頁参照[注2]。

(注1) 一建物一敷地の原則に関する行政の実情につき,荒秀・関哲夫編・建築基準法の諸問題 (昭59) 151頁,165頁参照,その実情を踏まえた民法解釈のあり方につき,岡本詔治「本件判批」法時73巻1号110頁,辻伸行「本件判批」判評97号199頁参照

(注2) 拙著・相隣法の諸問題 (平9) 93頁以下参照

(参照) 判解民 [31],民法判百Ⅰ (第5版) [70]

要件事実論序説―「訴訟メモ」のすすめ

3 抵当権と利用権との調整

[11] 最判（2小）平成元年10月27日民集43巻9号1070頁
（名古屋地判昭和59年4月23日，名古屋高判昭和60年7月18日）

□不当利得返還請求事件□

（判決要旨）

抵当不動産が賃貸された場合においては，抵当権者は，民法372条，同法304条の規定の趣旨に従い，賃借人が供託した賃料の還付請求権についても抵当権を行使することができる。

―――――――――[標準訴訟メモ]―――――――――

X（控訴人・上告人）
Y（被控訴人・被上告人：○○相互銀行）

（請求の趣旨）

YはXに対し532万8000円及びこれに対する昭和58年9月3日から支払ずみまで年5分の割合による金員を支払え。

（請求原因）

(1) Aは本件建物の1階部分をBに，2階部分をCに賃貸した。

その後，AはYと本件建物につきYを権利者とする根抵当権設定契約を締結した。

(2) XはAから昭和54年4月19日本件建物を買い受け，B，Cに対する賃貸人の地位を承継した。

83

第 2 物　権

　(3)　Y は物上代位に基づき B が供託した昭和 57 年 11 月から昭和 58 年 7 月までの賃料 405 万円，C が供託した賃料 127 万 8000 円に対する X の還付請求債権について昭和 57 年 7 月 19 日及び同月 22 日に差押え転付命令を得て取得した。

　(4)　(a)　Y の根抵当権は使用収益権限のない非占有担保権であるから，目的物件の対価である本件供託金還付請求権に物上代位することはできない。

　(b)　仮に賃料につき物上代位権を行使できるとしても，Y は根抵当権の実行を申立て，昭和 57 年 11 月 30 日に不動産競売開始決定を得た。物上代位は目的物に担保権を行使できなくなったときに，その価値代価物について行使できる権利である。

　(C)　それゆえ，本件賃料に対する物上代位は不当である。
(請求原因の認否)

　(1)ないし(3)の事実は認め，(4)の主張は争う。

　第 1 審は請求を棄却する。抵当権の物上代位の範囲は目的不動産が賃貸された場合の賃料債権，これが供託された場合の供託金還付請求権に及ぶことを理由とする。

　第 2 審は第 1 審同旨の理由により控訴を棄却した。

　上告審は上告棄却。理由は第 1 審と同旨であり，抵当権を実行しうる場合にも物上代位が可能であると判示する（最判（1 小）昭和 45 年 7 月 16 日民集 24 巻 7 号 965 頁を援用する）[注1]。

要件事実論序説―「訴訟メモ」のすすめ

　要件事実の整理について述べれば，請求は不当利得請求であるから，請求原因として，Xが本件建物の所有権と賃貸人の地位を取得したこと，Yはその後賃借人により供託された賃料について，物上代位により，Xの供託金還付請求権につき差押え転付命令を得て取得したこと及びその不当性に関する事実である(注2)。

　なお，本件判例はそれ自体以後の執行実務に大きな影響を与えたばかりでなく(注3)，さらに，「担保物権及び民事執行制度の改善のための民法等の一部を改正する法律」（平成15年8月1日法律第134号）がそれを承けて制定された。それによると，民法371条が改正され，法定果実を含む不動産収益に対する抵当権の効力が明確にされた。しかし，「その担保する債権について不履行があったときは」という要件があり，また同条はそれ自体により何らかの法的手続を定めるものではなく，担保不動産収益執行等の別の手続の前提をなす規定である(注4)。

　本件判例が肯定したとおり，賃料に対する物上代位は民法372条，304条により可能である。

（注1）　民法372条（304条）の旧規定の解釈について新版注釈民法(9)（平10）153頁以下，167頁以下参照

（注2）　要件事実中不当性に関する事実の主張立証責任を原告が負担することは実務の通説である。大江忠・ゼミナール要件事実(平15)101頁以下，司法研修所（編）・9訂民事判決起案の手引(平13)巻末・事実摘示記載事例集8頁，同・紛争類型別の要件事実(平11)44頁参照。さらに，不当利得の類型論に対応した不当性に関する事実の主張立証責任について，前掲大江・ゼミナール要件事実101頁以下及び同・第3版要件事実民法(平17)585頁以下参照

（注3）　三輪和雄「物上代位による賃料の差押え」現代裁判法大系⑮（平

85

11) 410 頁参照

(注4) 前田達明(編)・資料民法典(平16)1470 頁以下, 例題解説・不動産競売の実務(平17)328 頁以下, 谷口園恵ほか「担保物権及び民事執行制度の改善のための民法等の一部を改正する法律」ジュリ 1254 号 139 頁, 同「担保物権及び民事執行制度の改善のための民法等の一部を改正する法律の概要」判タ 1135 号 5 頁以下参照

(参照) 判解民 [20], 時の判例 II 私法(1) [民 45]

第3 債　　権

1　将来債権の包括的譲渡

[12]　最判(3小)平成11年1月29日民集53巻1号151頁
（秋田地判平成8年5月21日，仙台高秋田支判平成8年10月30日）

□供託金還付請求権確認請求事件□

（判決要旨）

(1)　将来発生すべき債権を目的とする債権譲渡契約の締結時において目的債権の発生の可能性が低かったことは，契約の効力を当然には左右しない。

(2)　医師が社会保険診療報酬支払基金から将来8年3箇月の間に支払を受けるべき各月の診療報酬債権の一部を目的として債権譲渡契約を締結した場合において，右医師が債務の弁済のために右契約を締結したとの一事をもって，契約締結後6年8か月目から1年の間に発生すべき目的債権につき契約締結時においてこれが安定して発生することが確実に期待されたとはいえないとし，他の事情を考慮することなく，右契約のうち右期間に関する部分の効力を否定した原審の判断には，違法がある。

[新様式判決訴訟メモ]

X　（被控訴人・被上告人：国）　　Y　（控訴人・上告人）
（請求の趣旨）

第3 債 権

　Xは供託金目録記載の供託金の還付請求権について取立権を有することを確認する。

(請求原因)

　(1)　X (所管行政庁・仙台国税局長) はAに対し国税債権目録記載の租税債権を有している。

　(2)　Xは右租税債権徴収のため平成元年5月25日Aが社会保険診療報酬支払基金(B)に対して有する同年7月1日から同2年6月30日までに支払期が到来する診療報酬債権を差し押さえ、その通知はBに同日到達した。

　(3)　Aは昭和57年11月16日Yに対し、AがBに対して有する昭和57年12月から平成3年2月までの8年3月にわたる将来の診療報酬債権を譲渡し、その通知は昭和57年11月24日にBに到達した。

　(4)　Bは債権者不確知等を原因としてXの差押に係る供託金目録記載の供託金を被供託者をA、Yとして秋田地方法務局能代支局に供託した。

　(5)　Xは本件供託金還付請求権を平成元年10月4日から同2年8月2日にかけてそれぞれ差し押さえその通知書は秋田地方法務局能代支局供託官に右各翌日に送達された。

　(6)　AのYに対する将来の診療報酬債権の譲渡は譲渡の日から1年を越えるものは債権発生の蓋然性に乏しいので効力がない。

(請求原因の認否)

　(1)は不知、(2)ないし(4)は認める、(5)は不知、(6)は争う。

第1審は，将来の診療報酬債権の譲渡は，その債権の発生が一定額以上の安定したものであることが確実に期待されるそれほど遠い将来のものではない診療報酬債権を目的とする限りで有効である，という一般論を判示して，本件では債権譲渡の日から6年7箇月も経過した後のものである本件債権譲渡部分はこれに当たらないとして，Xの請求を認容した。

　第2審も第1審と同旨の判示をした。

　上告審は前掲判決要旨記載のとおり判示して，破棄自判した。

　本件の事実整理は特に困難な点は見られない。第1審判決を基礎に第2審を参考として整理すれば容易に整理できる。

　なお，認否の記載方法として「争う」という表現は妥当でないといわれていると既に述べたが (66頁)，本件におけるように法律効果の主張に対する認否をせざるを得ないときはこの「争う」という表現も活きてくる。また，ここで請求原因(6)の主張は無用な主張であり，裁判所の専権に属する法的判断であるともいえようが，当事者が法律的意見を述べることを許さないともいえないし，また当事者の主張を明らかにする意味もあるのでこの種の主張を無用であるともいえない。本件もその例である。そうするとこれに対応する「争う」という認否もその意味で是認してよいであろう。

　なお，本件上告審判決は次項の [14] 最判（2小）昭和53年12月15日を引用して先例性について判示している[注1]。

第 3 債　権

(注1)　一般に判例の法源性について拙著・判例による法の形成(平8)1頁以下参照

(参照)　判解民 [5], 民法判百 II (第5版) [28], 時の判例 II 私法(1) [民64]

[13]　最判(2小)昭和53年12月15日裁集民125号839頁, 判時916号25頁

(東京地判昭和39年4月30日, 東京高判昭和43年9月20日, 最判昭和48年12月20日民集27巻11号1594頁, 東京高判昭和50年12月15日)

□取立命令に基づく取立請求事件□

(判決要旨)

診療担当者たる医師の社会保険診療報酬支払基金に対する診療報酬債権は毎月一定期日に1カ月分ずつ支払われるものであり, その支払額は一定額以上の安定したものであるから, 将来取得しうべき右債権の始期・終期を特定してその範囲を確定することによりこれを第三者に有効に譲渡することができる。(第一法規 CD-ROM による)

[最判に基づく簡易訴訟メモ]

X₁（被控訴人・第1次, 第2次上告人）

X₂（被控訴人・第1次上告人）

Y₁（控訴人・第1次, 第2次被上告人）

S　（補助参加人）

Y₂（Y₁に同じ）

（Y₁,₂は診療報酬支払機関）

要件事実論序説―「訴訟メモ」のすすめ

(請求の趣旨)
　Y₁は○○円，Y₂は△△円の支払（訴訟承継前の請求）
(請求原因)
　Xらの被相続人亡Bは，医師Aに対し□□円の債権を有していたとして，昭和36年2月AのY₂に対する同35年12月1日から同36年1月31日までの，同37年7月AのY₁に対する同37年5月1日から同年6月30日までの各診療報酬債権の差押・取立命令を受け，同命令はそれぞれYらに送達された。
(請求原因の認否)（認める）
(抗　弁)
　Aは昭和35年12月Y₂から将来支払を受けるべき同年10月1日から同36年11月末日までの診療報酬債権をSに譲渡し，Y₂に債権譲渡の通知をし，さらに，同年12月Y₁から将来支払を受けるべき同年12月1日から同37年11月末日までの診療報酬債権をSに譲渡し，Y₁に債権譲渡の通知をした。

(抗弁の認否)（争う）

━━━━━━━━━━ [標準訴訟メモ] ━━━━━━━━━━
X₁（被控訴人・第1次，第2次上告人）
X₂（被控訴人・第1次上告人）
Y₁（控訴人・第1次，第2次被上告人）
S　（補助参加人）

91

第 3 債　　権

Y_2（Y_1に同じ）

（$Y_{1,2}$は診療報酬支払機関）

(請求の趣旨)

　Y_1は 97 万 8156 円，Y_2は 10 万 1674 円及びこれら各金員に対する昭和 37 年 11 月 22 日より支払い済みまで年 5 分の割合による金員を支払え。(承継前の請求)

(請求原因)

　(1)　Xらの被相続人亡Bは，医師Aに対する債務弁済契約公正証書に基づき，(a)昭和 36 年 2 月 AのY_2（東京都国民健康保険団体連合会）に対する昭和 35 年 12 月 1 日から昭和 36 年 1 月 31 日までの診療報酬につき，債権の差押・取立命令を受け，その命令は同月 14 日Y_2に送達され，(b)昭和 37 年 7 月 AのY_1（社会保険診療報酬支払基金）に対する昭和 37 年 5 月 1 日から同 37 年 6 月 30 日までの診療報酬につき，債権の差押・取立命令を受け，その命令は同月 12 日Y_1に送達された。

　(2)　XらはBを相続したので，Bの取得した取立命令に基づいて支払を請求する。それゆえ，Xらに対しY_1は 97 万 8156 円，Y_2は 10 万 1674 円（各相続分に応じた額に分けて）及びこれに対する訴状送達の翌日である昭和 37 年 11 月 22 日より支払い済みに至るまで年 5 分の割合による損害金の支払いを求める。

(請求原因の認否)

　(1)は認めるが，(2)は争う。

(抗　弁)

(1) Aは，(a)昭和35年12月Y₂から将来支払を受けるべき同年10月1日から同36年11月30日までの診療報酬債権をSに譲渡し，Y₂に債権譲渡の通知をし，(b)昭和36年12月Y₁から将来支払を受けるべき同年12月1日から同37年11月30日までの診療報酬債権をSに譲渡し，Y₁に債権譲渡の通知をした。なお，このような診療報酬債権は将来発生すべき債権であるが，その発生が確定しているので，その譲渡は有効である。

(2) 仮に前段の主張が認められないとしても，右譲渡は将来診療報酬が発生することを停止条件とする債権譲渡であるところ，その後診療報酬の発生によって条件が成就し債権譲渡の効果が生じ，Y₁及びY₂はその生じた金額をSに対して既に支払い済みである。

(3) （Y₁のみの主張）仮に右主張が認められないとしても，Y₁のSに対する支払は準占有者に対する弁済として有効である。

（抗弁の認否）

いずれも否認する。

AのSに対する将来債権の譲渡として無効である。また，東京地方裁判所は従来は将来の診療報酬に対する債権差押を認めていたが，最近にいたりこれを認めない扱いをすることに変更されたのであるが，Y₁はこの事実を知っているから弁済に過失ある場合となり，有効とはいえない。

第1審はXら承継前のBの請求を認容した（その理由につき資

料なし)。

　第1次第2審は第1審判決を取消し，Bの請求を棄却した。その理由は「Aは保険者に対して診療報酬債権を有するとしても，Yらに対して直接右債権を有することを認めるに足りない。けだし，Bの主張するところによれば，医師Aの保険診療により生じた診療報酬支払義務を負担した保険者は，その支払をYらに委託したというのであるから，保険者より右支払委託を受けたYらは，保険者から委託された委任事務の処理としてAに対し診療報酬金の支払を為すべきではあるが，それは保険者に対する義務の履行にすぎず，Aに対し直接義務を負担し，その義務の履行としてなすものではないといわなければならないからである。」というものである。

　第1次上告審は，社会保険診療報酬支払基金法による社会保険診療報酬支払基金は，保険者から診療報酬の請求についての審査および支払に関する事務の委託を受けたときは，診療担当者に対し，また，国民健康保険法45条5項により審査および支払に関する事務の委託を受けた国民健康保険団体連合会は，診療機関に対し，それぞれ，自ら審査したところに従い，自己の名において直接療養給付等の支払義務を負う旨判示して，第1次第2審の判断は是認できないとして，東京高裁に差し戻した。

　差戻後第2審は，第1審判決を取消し，Xの請求を棄却した。その理由として右第1次上告審の見解に従い判断したうえで，本件各差押取立命令の送達前になされたYらの主張の各債権譲渡の効力について本件最高裁判決（第2次上告審）と同旨の判断を示している。

第2次上告審である本件最高裁判決は、「現行医療保険制度のもとでは、診療担当者である医師の被上告人ら支払担当機関に対する診療報酬債権は毎月一定期日に1か月分づつ一括してその支払いがされるものであり、その月々の支払額は、医師が通常の診療業務を継続している限り、一定額以上の安定したものであることが確実に期待されるものである。したがって右債権は、将来生じるものであっても、それほど遠い将来のもでなければ、特段の事情のない限り、現在すでに債権発生の原因が確定し、その発生を確実に予測しうるものであるから、始期と終期を特定してその権利の範囲を確定することによって、これを有効に譲渡することができるというべきである。」(判決理由)と判示した。

要件事実の整理の観点からは、特記すべき点は見あたらない。第1審判決、差戻前の第2審判決によってほぼ事実整理ができる。準占有者への弁済についての過失の主張が原告の再抗弁とみるか否かは問題となろう。ただし、民法478条の平成16年法律147号改正規定によると本件では抗弁事実となる[注1]。仮にこの見地によれば抗弁(3)は無過失の主張を欠く点で不十分であることになる。

診療報酬債権については本件に関して第1次上告審 (最判昭48・12・20) が診療報酬債権につき本件のY_1、Y_2に当たる機関は医師に対して債務者の地位に立つかという点についてこれを肯定し、さらに本件判例により将来の診療報酬債権の譲渡性を肯定したことで最上級審の判断がかなりの範囲について示されたことになったが、本件事案は将来1年間の診療報酬債権に関するものであった。これが前掲 [12] の判例によって将来8年3月間に及

第3　債　権

ぶ診療報酬債権の事案について，前記の「公序良俗に反するなどとして，その効力の全部または一部が否定されることがある」という制限付きではあるが肯定された。

本件 [13] 第1審，差戻前第2審，第1次上告審の判断の経緯をみると，古い理論が新たな理論へと変化していく理論の形成過程を現実のものとして見る思いがする。今日では前示 [12] 最判（3小）平成11・1・29に見られるような方向へ展開している。

[12] 及び [13] の判例はいずれも将来の診療報酬債権の譲渡に関するものであるが，さらにもう1つの問題として，将来の診療報酬債権の差押えの可否の問題が残されている。これについては将来債権の譲渡とは異なる，配慮すべきいくつかの点がある。差押えが強制力を伴うことから債務者の人格の尊重に配慮すべき点が大きく，さらに差押えに続く長期間に亘って繰り返される配当手続等の事後処理に要する裁判所の負担など別の考慮を要する問題が残されている(注2)。

（注1）　大江・要件事実民法(3)第3版（債権総論）289頁参照
（注2）　本書は訴訟メモの作成の練習を目的とするので，問題の指摘に止める。東京高裁判昭和43年2月23日判時521号51頁（差押え否定例：診療報酬債権は月々額が変動することから差押範囲が不明，債務者の処分の権能を事実上奪う，第三者が事実上差押え外の将来の債権を差押えることができなくなる，と述べる。），阿部正幸「将来の診療報酬債権の差押性」民事執行法の基礎（昭58）174頁，倉地康弘「将来債権の差押え」新・裁判実務大系12巻（平14年）334頁以下参照（診療報酬債権の譲渡性に関する前示 [12] 最判（3小）平成11年1月29日を踏まえて診療報酬債権の差押えについて検討する）。なお，5年間にわたる将来の診療報酬債権の差押えに関してこれを肯定した例として札幌高裁決平成15年2月24日判時1833号135頁がある。

要件事実論序説—「訴訟メモ」のすすめ

2　債権の準占有者に対する弁済

[14]　最判(1小)昭和59年2月23日民集38巻3号445頁
(東京地判昭和54年5月30日, 東京高判昭和54年12月18日)
□**預金返還請求事件**□

(判決要旨)

　金融機関が, 記名式定期預金につき真実の預金者甲と異なる乙を預金者と認定して乙に貸付をしたのち, 貸付債権を自働債権とし預金債権を受働債権としてした相殺が民法478条の類推適用により甲に対して効力を生ずるためには, 当該貸付時において, 乙を預金者本人と認定するにつき金融機関として負担すべき相当の注意義務を尽くしていたと認められれば足りる。

[最判に基づく簡易訴訟メモ]

X　(控訴人・被上告人)
Y　(被控訴人・上告人：○○信用金庫)
(請求の趣旨)
　466万2477円, 内金450万円昭和52年4月21日→年6分
(請求原因)
　Xは昭和51年7月19日Yの○○支店に期間6月等の約束で150万円及び300万円の二口の定期預金をし, 同52年4月20日払戻の請求をした。
　預金元本450万円, 約定利息166万2477円, 同月21日から支払済まで商事法定利率年6分の割合の金員の支払い

97

第 3 債 権

を求める。

(抗　弁)

YとXは同51年8月18日信用金庫取引契約締結し、YはXに対し450万円を弁済期同年11月30日、利息年6.25％の約で手形貸付し、本件定期預金に質権を設定した。

YはXに対し同52年5月29日預金元利債権と対当額で相殺の意思表示をした。

仮に、上記借入れ、質権設定をした者がXでなかったとしても、Yは本件定期預金に質権設定を受け、相殺予定のもとに貸し付けた。準占有者に対する弁済に準じてXが借入れ、質権を設定するものと信じて過失はなかった。

本件定期預金はYと取引があったAの紹介でなされた。同51年8月18日Xと名乗る男がAと同道してY事務所を訪れ預金担保の融資を申し入れた。定期預金証書2通、借入申込書、担保差入証書等に押捺された印影と定期預金申込書に押捺されているXの届出印鑑と照合したところ同一であると確認されたので、Xと名乗る男をXと信じて貸付をした。

なお、本件定期預金契約には免責規定がある。

━━━━━━[標準訴訟メモ]━━━━━━

X　(控訴人・被上告人)
Y　(被控訴人・上告人：○○信用金庫)
(請求の趣旨)
　Yは、Xに対し、466万2477円及び内450万円に対す

要件事実論序説―「訴訟メモ」のすすめ

る昭和52年4月21日から支払済まで年6分の割合による金員を支払え。

(請求原因)

(1) Xは昭和51年7月19日Yの○○支店に次の2口の定期預金をした。(本件定期預金)

　① 金額150万円，期間6か月，利率預入日から6か月　年5.85％，期間経過後　年2.75％

　② 金額300万円，期間，利率①に同じ

(2) 同52年4月20日払戻を請求した。

(3) 請求の内訳

預金元本450万円，6月間の年5.85％の割合の利息13万1625円，期間経過後の同52年1月20日から払戻請求の日である同年4月20日までの年2.75％の割合の利息3万852円，払戻請求の日の翌日から支払済まで商事法定利率年6分の割合の損害金

(請求原因に対する認否)

(1)の事実は認め，(2)及び(3)の事実は否認する。

(抗　弁)

(1) XとYは昭和51年8月18日信用金庫取引契約締結し，YはXに対し450万円を弁済期同年2月30日，利息年6.25％の約で手形貸付をして，本件定期預金に質権を設定した。

(2) YはXに対し同52年5月29日預金元利債権と対当額で相殺する旨の意思表示をした。

(3) 前記借入れ，質権設定をした者がXでなかったとし

第3　債　権

ても，Yは本件定期預金に質権設定を受け，相殺予定のもとに貸し付けた。準占有者に対する弁済に準じてXが借入れ，質権設定するものと信じて過失はなかった。

　本件定期預金はYと取引があったAの紹介でなされた。同51年8月18日Xと名乗る男がAと同道してY事務所を訪れ預金担保の融資を申し入れた。定期預金証書2通，借入申込書，担保差入証書等に押捺された印影と定期預金申込書に押捺されているXの届出印鑑と照合したところ同一であると確認されたので，Xと名乗る男をXと信じて貸付をした。

（抗弁に対する認否）

　(2)の事実は認め，その余の事実は否認する。

　第1審は，請求のうち貸付金額に相当する金額部分につき請求を棄却し，その余の残額に限りの請求を認容した。Yは貸付当時金融機関として尽くすべき相当な注意を用いた限り，民法478条の類推適用等により，XのYに対する預金債権とYのXに対する貸金債権との相殺の効力を否定できないとして貸付金額による相殺を認めた。

　第2審は，第1審判決のXの請求棄却部分を取消し，Xの請求を全部認容した。Yは貸付当時AがXであると誤認していたが，相殺権行使の時点では貸付がXの意思に基づかないことを知るに至っていたことから，民法478条の類推適用について判断するまでもなくYの主張は認められないと判断した。

　上告審は，「金融機関が，自行の記名式定期預金の預金者名義

人であると称する第三者から，その定期預金を担保とする金銭貸付の申込みを受け，右定期預金についての預金通帳及び届出印と同一の印影の呈示を受けたため同人を右預金者本人と誤信してこれに応じ，右定期預金に担保権の設定を受けてその第三者に金銭を貸し付け，その後，担保権実行の趣旨で右貸付債権を自働債権とし右預金債権を受働債権として相殺をした場合には，少なくともその相殺の効力に関する限りは，これを実質的に定期預金の期限前解約による払戻と同視することができ，また，そうするのが相当であるから，右金融機関が，当該貸付等の契約締結にあたり，右第三者を預金者本人と認定するにつき，かかる場合に金融機関として負担すべき相当の注意義務を尽くしたと認められるときには，民法478条の規定を類推適用し，右第三者に対する貸金債権と担保に供された定期預金債権との相殺をもつて真実の預金者に対抗することができるものと解するのが相当である（なお，この場合，当該金融機関が相殺の意思表示をする時点においては右第三者が真実の預金者と同一人でないことを知つていたとしても，これによつて上記結論に影響はない。）。」（判決理由）その点について原審は異なる見解に立って審理を尽くしていないとして，法令の解釈の誤り，ひいて理由不備の違法があるとして破棄差戻した。

　要件事実の整理について述べれば，最高裁判決の理由らんで，「記録によると」として双方当事者の主張の要領をまとめて記載している。それは本件において前記のとおり，上告審からみると原審が異なる見解に立って主張事実を見ていることから，改めて主張事実を整理したものであろう。

第 3 債 権

　請求原因は預金契約の払戻金債権の発生，同契約上の利息債権の発生とそれらの支払期日及び遅延損害金債権の発生である。本件では二口の預金となっているが，元本の金額が異なるだけでその他の事項は共通であるから一個の請求であると解してよいであろう。これに利息債権が加わる。元本債権及び利息債権は別個の請求と解される。しかし請求原因及び抗弁等は上記のように一括して記載するのが実際である。

　本件預金契約は民法 666 条所定の消費寄託であり，定期預金契約で，期間後据置の預金であると解される。預金者（X）は預金した事実及び払戻期限の到来の事実を主張・立証すべきである。また利息金の請求については利率及びその期間の定めは X の主張すべきことである。遅延損害金を請求するので履行遅滞の前提となる履行すべき日につき X の主張が必要であり，本件では利息を含む預金払戻請求の日の翌日が履行すべき日となる。

　抗弁としては，預金者との間で貸付契約をして預金払戻債権とその貸金債権とを対当額で相殺したこと，その貸付契約に際して債務者が預金債権の準占有者であると認められることである。

(参照)　判解民 [5]，民法判百 II（4 版）[39]

[15]　最判(1 小)平成 9 年 4 月 24 日民集 51 巻 4 号 1991 頁
　　（東京地判平成 4 年 5 月 7 日，東京高判平成 5 年 7 月 20 日）
　　□**債務不存在確認請求事件**□
　　（判決要旨）
　　　生命保険会社甲が，いわゆる契約者貸付制度に基づいて

要件事実論序説―「訴訟メモ」のすすめ

保険契約者乙の代理人と称する丙の申込による貸付を実行した場合において，丙を乙の代理人と認定するにつき相当の注意義務を尽くしたときは，甲は，民法478条の類推適用により，乙に対し，右の貸付の効力を主張することができる。

［新様式判決訴訟メモ］

X（控訴人・上告人）　　Y（被控訴人・被上告人）（生命保険相互会社）

（請求の趣旨）

　XのYに対する昭和61年7月2日付金銭貸借契約（貸付元本27万7000円）に基づく債務が存在しないことを確認する。

（請求原因）

　Yは，XがYとの間で昭和52年4月1日生命保険契約（生存給金付定額保険）を締結し，これにつき昭和61年7月2日付金銭貸付契約に基づく27万7000円貸付債務が存すると主張する。

（請求原因に対する認否）

　認める。

（抗　弁）

（1）　XとYは昭和52年4月1日，X契約者兼被保険者，保険金額800万円（傷害特約200万円），契約期間15年，保険金受取人Xの妻和子(A)という内容の生命保険契約（生存給金付定額保険）を締結した。

（2）　AはXの代理人として昭和61年7月2日Yに対し

第 3 債　権

契約者貸付制度に基づき 27 万 7000 円の貸付を申込み，Y はこれを承諾し，同金額から印紙代を控除した 27 万 6600 円を X 名義の預金口座に振込んだ。

(3)　X は A にその貸付契約を締結するにつき権限を授与した。

(4)　(仮) X は銀行口座を保険料支払いのための自動引き落し用に利用し，その期間は昭和 61 年 7 月 2 日から平成 2 年 6 月までの 4 年間経過しており貸付金の入金を当然知っていたのであり，X は本件貸付を追認した。

(5)　(仮) 保険契約は X の委任に基づき A が締結し，保険料は A が支払った。A は本件貸付契約に際して保険証券と，証券及び保険契約申込書に押捺された印鑑とを持参し，X 名義の委任状を提示した（表見代理）。

(6)　(仮) 本件貸付は準占有者に対する弁済に準じた保護が Y に与えられるべき場合であり，民法 478 の類推適用が認められるべきである。

(抗弁に対する認否)

(2)の事実は認め，その余の事実は否認する。

第 1 審は，表見代理であるとして請求を棄却した。

第 2 審は，民法 478 条を類推適用し，本件貸付は保険金又は満期返戻金の前払いと解されるとして請求は認めがたいとして控訴を棄却した。

上告審は原審の判断を是認した。なお，本件では最高裁判例の理由における原審事実認定の概要に具体性がないため，前記の簡

易な要件事実の整理を試みることは困難である。

本件は、生命保険契約約款所定の契約者貸付制度に基づく貸付に関する準占有の問題であり、それが債務不存在確認請求に対する抗弁の内容をなす事例である。そして、この種の貸付に関する準占有につき保険金又は解約返戻金の一部前払いとしての弁済者として負担すべき相当の注意義務を尽くしたかどうかにつき民法478条を類推適用することを判示した事例である。

請求は金銭貸付契約上の債務不存在確認の一個である。要件事実の整理について述べれば、請求原因としては消極的に確認すべき被告主張の債権を特定できる程度の事実を主張することが必要であり、抗弁として、生命保険契約に関連してXの代理人Aと貸付契約を締結したこと、Aの代理権の存在、仮定的主張として、Xによる追認、表見代理、生命保険契約者としての債権の準占有者に関する民法478条の類推適用に関すべき事実が掲げられる。

ここで消極的確認の訴えにおける請求原因の記載の意味について触れておきたい。実際の訴訟においては、消極的確認の訴えの訴状の記載として、例えば本件のような債務不存在確認請求であれば、不存在であるという債務の内容、債権者・債務者その他当事者間で特定に必要な事実を主張することが必要であると解されており、現に訴訟の実務においてそのようになされるのが通常である。しかし、他方、訴訟における事実整理として原則論をするとき、権利者は自己の主張する権利の発生要件事実を主張し、立証すべきであり、権利の不発生、消滅などの事実を主張し、立証することは相手方の責任であると論じられる。

第3 債　権

　そうすると，消極的確認の訴えにおいて請求原因として記載される不存在を確認すべき権利関係の記載はどのような意味をもつか。これは民訴法上権利関係の不存在の確認の訴えを一つの制度として認めることからその確認すべき対象を特定する意味があり，そのために記載すべきものであると解すべきである。やはり請求原因の中に記載する。

　それゆえ，これは特別の制度上の必要から要件事実の整理の原則論の例外として認められるものであると解すべきである。これを「法律上の主張」であると位置づける見解もある。ここでは主張・立証責任の分配の原則の適用には変更はない。しかし，古くは原告が訴訟物である権利の発生要件の不存在を主張立証すべきであるとする見解があった。

（問題点）

　本件原審判決（東京高判平成5年7月20日）について要件事実の整理の見地からの問題点にふれておきたい。

　この判例の事案をみると，XはYに対し，昭和61年7月2日付金銭貸借契約に基づく債務不存在を確認することを求め，請求原因としてYがXに対しその債務の存在を主張する旨主張し，Yは抗弁として，XとYは昭和52年4月1日に15年満期の生存給付金付定額保険契約を締結したうえ，AはXの代理人として前記日付の日に契約者貸付制度に基づき本件金銭貸借契約を締結した旨主張していた。

　第1審判決は平成4年5月7日になされ，すでにその日には保険契約の満期日である同年4月1日を過ぎていた（弁論終結日は

不明である)。

　その後第2審に移審したが，原審のYの主張に関する解釈によると「民法478条の規定の類推適用によりAに対する本件貸付の債権をもって被控訴人の解約返戻金と相殺しうるとの主張も含まれている」というのである（民集51巻4号2008頁)。

　他方，原審は，保険期間の満期が到来したことから，YはXに対し，満期保険金等満期に支払うべき金額から貸付金の元利合計42万0481円を控除した58万666円をもって満期保険金（据置金額）とする旨の通知を発した，と認定しており（民集51巻4号2005頁以下)，これを受けて，「前示認定の事実によれば，被控訴人は控訴人に対し相殺の意思表示をしたということができる。」（民集51巻4号2008頁）と判断している。

　しかし，Yが相殺の意思表示をしたという事実はいずれの当事者の主張にも現れていないのである。そうだとすると，2審としては求釈明をしてXに対して，遅くとも2審段階では満期が到来した保険金の支払請求へ訴えを変更させるのが妥当であったのではないかと考える。本件ではこの訴えの変更の要件は充されるであろう。

　ただし，原審の認定中上記認定判断の項の末尾に括弧書に「仮に，被控訴人が未だ相殺の意思表示をしていない場合においても，……」とも述べている（民集51巻4号2008頁)。それは相殺の意思表示の事実の認定に至るまでもなく被控訴人が相殺の意思表示ができることを理由に控訴人の請求を認容しがたいという趣旨であろう。

　その意味では，原審は，保険契約約款の契約者貸付制度に基づ

く貸付という限られた範囲ではあるが，民法478条の類推適用によって右貸付の無効主張排除の理由を認めたことになるが，正当であろうか。

（参照）　判解民 [25]，民法判百 II [38]，時の判例 II 私法(1)［民68］

要件事実論序説―「訴訟メモ」のすすめ

3 所有権留保売主の地位

[16] 最判(2小)昭和50年2月28日民集29巻2号193頁
(神戸地判昭和46年9月20日,大阪高判昭和49年6月28日)
□自動車引渡請求事件□

(判決要旨)

　自動車の販売につき,サブディーラーが,まずディーラー所有の自動車をユーザーに売却し,その後右売買を完成するためディーラーからその自動車を買受けるという方法がとられていた場合において,ディーラーが,サブディーラーとユーザーとの自動車売買契約の履行に協力しておきながら,その後サブディーラーにその自動車を売却するにあたって所有権留保特約を付し,サブディーラーの代金不払を理由に同人との売買契約を解除したうえ,留保された所有権に基づき,既にサブディーラーに代金を完済して自動車の引渡を受けているユーザーにその返還を請求することは,権利の濫用として許されない。

[最判に基づく簡易訴訟メモ]

X　(上告人・控訴人)　　　　Y　(被上告人・被控訴人)
(請求の趣旨)
　本件自動車の引渡
(請求原因)
　(1) Xは本件自動車を所有している。
　すなわち,XはAに対し昭和43年9月7日本件自動車につき,代金71万円を翌年6月まで分割払いし,完済ま

第 3 債 権

で本件自動車の所有権留保の約束で売買契約をしたが、Aにおいて同年11月より3か月間の不払いがあり、XはAに同44年2月24日催告し、売買契約解除の意思表示をした。

(2) Yは本件自動車を占有している。

(抗 弁)

(1) Yは昭和43年8月30日Aから本件自動車を82万円で買い受け、代金支払いと引換に本件自動車の引渡を受けた。

(2) Xはディーラーであり、Aはサブディーラーであり、Yに対して協力して一体となって本件自動車を売り渡した。

(3) Xは自社のセールスマンをYのもとに赴かせ、Yに税金の納付手続、車検手続、車庫証明手続等を代行した。

このような事情がある場合に本訴の請求をするのは信義則に反する。

-----[標準訴訟メモ]-----

X （上告人・控訴人）　　　Y （被上告人・被控訴人）

(請求の趣旨)

YはXに対し本件自動車を引渡せ。

(請求原因)

(1) Xは昭和43年9月7日X所有の本件自動車をAに代金71万1423円、支払方法同月13日に20万円、同月30日に5万1523円、同年10月以降同44年6月まで毎月

末日限り5万1100円当て分割して支払うことを定めて売り渡し，双方右代金完済まで所有権を原告に留保する旨を約した。

(2) Aは昭和43年11月末日以降同44年1月末日までの支払いを怠ったので，XはAに対して同年2月24日頃到達の書面で書面到達後3回内に支払うよう，これを怠ったときは売買契約を解除する旨の意思表示をしたが，その支払いがなかった。

(3) Yは本件自動車を占有している。

(請求原因の認否) 請求原因(1),(2)の事実は不知，(3)の事実は認める。

(抗 弁)

(1) Yは昭和43年8月30日にXから本件自動車を82万円で買い受けた。

(2) 仮にX単独で売主でないとしても，Xはディーラーであり，Aはサブディーラーであり，XとAは一体となって売主の地位にあった。

(3) 仮にXとAが一体でなかったとしても，Xはディーラーであり，Aはサブディーラーであったところ，XはAのXへの代金未払いの事実，所有権留保の特約の事実をYに告知せず，Yのために車検手続をなし，自動車税，自動車取得税を代理で受け取って納付し，強制保険料を受け取ってY名義で保険会社に手続をするなどの協力をした。

このような事実から見ると，Xの本訴請求は信義則に反する。

（抗弁の認否）（通常は認否がなければその事実を認めたものとみなされるが，本件では原審判決全体からみると争う趣旨と解される。）

　本件原審判決は典型的な引用判決であり，しかも，第1審判決の理由欄の記載がないから，各審級の判断が不明である。

　第1審はXの請求を棄却したが，判決書の理由欄の紹介がないのでその理由は不明である。

　第2審も第1審の結論を是認して，控訴を棄却した。最高裁の判決理由によると第2審判決の理由は最高裁の判旨と同旨であると解される。

　上告審は，原審の認定した抗弁(2)の事実を指摘して，「右事実によると，上告人は，ディーラーとして，サブディーラーであるAが本件自動車をユーザーである被上告人に販売するについては，前述のとおりその売買契約の履行に協力しておきながら，その後Aとの間で締結した本件自動車の所有権留保特約付売買について代金の完済を受けないからといって，すでに代金を完済して自動車の引渡しを受けた被上告人に対し，留保された所有権に基づいてその引渡を求めるものであり，右引渡請求は，本来上告人においてサブディーラーであるAに対してみずから負担すべき代金回収不能の危険をユーザーである被上告人に転嫁しようとするものであり，自己の利益のために代金を完済した被上告人に不測の損害を蒙らせるものであって，権利の濫用として許されないものと解するを相当とする。」（判決理由）と判示してXの請求を棄却した原審の判断を是認した。

本件事案は初心者にとっても訴訟メモを作成するに適当な内容である。第1審判決の請求原因の記載，その認否，抗弁の一部の記載が筆者の記載と異なるが，その点について彼此対照して検討されたい。

（参照）　判解民 [10]

第 3 債 権

4 組合契約の解釈・強行規定

[17] 最判(3小)平成 11 年 2 月 23 日民集 53 巻 2 号 193 頁
(大阪地判平成 5 年 11 月 12 日,大阪高判平成 7 年 4 月 14 日)
□立替金返還等請求事件□
(判決要旨)
　やむをえない事由があっても任意の脱退を許さない旨の組合契約における約定は,無効である。

[最判に基づく簡易訴訟メモ]

X_1,(被控訴人・上告人)
X_2 (同上)
$Y_1 \sim Y_5$(控訴人・被上告人)
(請求の趣旨)
各自,組合持分払戻金及びこれに対する遅延損害金を支払え。
(請求原因)
① X らと Y らは平成 2 年 11 月ころ 1 口 100 万円を出資して共同してヨットを購入し,出資者が会員となり,ヨットを利用して航海を楽しむことなどを目的とするヨットクラブを結成する組合契約を締結した。
② X らと Y らは,合計 14 口を出資し,うち各 2 口が X らの出資であるが,平成 3 年 1 月 30 日ヨット一隻を 1400 万円で購入した。
③ X らは,平成 3 年 8 月に Y らに対し脱退の意思表示をした。

④　XらはYらに対しそれぞれ当時の本件ヨットの時価を各Xらの出資割合に応じて案分した額の組合持分の払戻金及びこれに対する遅延損害金を請求する。

(抗　弁)

①　本契約が仮に組合契約であるとしても，会員権の譲渡及び退会につき「オーナー会議で承認された相手方に対して譲渡することができる。譲渡した月の月末をもって退会とする。」との規定がある。

②　この規定の制定理由は，本件クラブが資産としてヨットのみであり，資金的，財政的余裕がなく出資金の払戻しをする財源を有しないこと，本件クラブでは会員数が減ると月会費や作業の負担が増えるためこれを避ける必要があることであった。

(再抗弁)

①　上記規定が任意の脱退を認めない趣旨であればこの規定は公序良俗に反する。

②　Xらの脱退にはやむを得ない事由がある。

[標準訴訟メモ]

X_1, X_2　(被控訴人・上告人)　　Y_1〜Y_5　(控訴人・被上告人)

(請求の趣旨)

Yらは各自，X_1に対し310万円及び平成4年6月17日から完済まで年5分の割合による金員を，X_2に対し260万円及び同日から完済まで同率の割合による金員を支

第 3 債 権

払え。

(請求原因)

① 組合契約

XらとYらは平成2年11月，出資金1口100万円とし，ヨットを購入し航海等を楽しむことを目的とする契約を結んだ。

② 出資，ヨット購入

X_1口数2金額200万円；X_2口数2金額200万円；Y_1口数3金額300万円；Y_2口数2金額200万円；Y_3口数1金額100万円；Y_4口数1金額100万円；Y_5口数3金額300万円，合計1400万円をもって本件ヨットを購入した。

③ ヨット係留権取得費用の立替金

係留権取得のため係留権付ヨットを250万円で買った。X_1，X_2が各100万円，Y_1が50万円立替て支払った。ヨットは130万円で売却し，X_1，X_2が各40万円，Y_1が50万円を受領した。X_1，X_2は立替金各60万円未受領

④ 桟橋工事費の立替金

平成3年5月頃X_1が50万円立て替えて払った。

⑤ Xらの組合脱退

平成3年8月Xは組合を脱退の意思表示をした。

(仮) 訴状送達により組合脱退の意思表示をした。

⑥ その他

本件債権は全額の連帯債務である。

付帯請求につき訴状送達日翌日である平成4年6月17日から算定する。

年5分の損害金の支払を求める。
(請求原因の認否)
　①③④認め，②のY₁につき否認（当事者は正木刃物㈱である），その余認める。
　⑤の本位主張は否認する（意思表示の日は平成3年12月4日である）。
　⑥に関する主張（積極否認）
(仮) 脱退が認められるとしても，ヨットが処分されたか，価格につき話し合いがついたかの場合に限り払戻金額が決まり，その時を基準として算定すべきである。Xら請求できる金額は，係留権立替金のYら負担割合10/14=857,143円，桟橋工事立替金同割合で357,143円，合計1,214,286円である。
　（Y₂に限り）Y₂は平成5年6月30日脱退したので出資金の返還義務を負わない。
　(仮) 平成4年1月10日又は同5年7月20日に立替金の履行の提供をした。
(抗　弁)
　①　仮に，組合契約であるとしても，契約条項によると全会員の承認を得た相手方に対して持分を譲渡することによる退会が認められるのみで，これ以外の退会は認められない。
　②　(仮) 組合存続期間の定めがないとしても，購入資力のない者が集まって出資して結成したものであり，結成して間もない時期に突然一部の者が脱退を申し出て出資金

第3 債　権

> の返還を余儀なくされることになるから，この脱退の申し出は組合のために不利な時期になされたものというべきであって，やむを得ぬ事由がなければ脱退は認められない（民法678条1項但書）。
> （抗弁に対する認否）否認する。
> （再抗弁）
> 　①　抗弁①のとおりであるとしても，それを決めた組合契約の条項は公序良俗に反する。
> 　②　やむを得ない理由がある。
> （再抗弁に対する認否）否認する。

(本件に関する訴訟メモ作成について)

　ここでは，ひとまず本件事案にそって訴訟メモ作成に関する一般的説明を試みたい。

　前示の訴訟メモは，第1，2審の判決書起案の段階における事実整理であり，それより遡って訴状審査，答弁書，準備書面を読んだ直後の各段階における事実整理ではないことはいうまでもない。しかし，第1審の判決の事実整理と第2審のそれとを対比すると，事実主張の変遷の有無，又はその内容は理解できる。

　まず訴訟の主体の複数に注目する。組合という多数当事者の契約関係であるが，その債務には処分の拘束関係は認めがたいので，通常の共同訴訟と解される。

　次に，請求並びに請求原因及び抗弁などの主張について検討する。

　請求として持分払戻及び立替金返還請求がなされ，その請求原

因として組合契約の締結,持分となる出資金の払込,組合契約履行に際しての費用等の立替(係留権代,桟橋工事代金)並びにXらの組合脱退が主張されている。

請求原因に対する認否として,Y₁の契約締結,Xらの組合脱退及び債務の連帯性について否認となり,その余の事実は自白されたこととなる。

請求原因の積極否認として持分,立替金債務額の主張があり,Y₂の脱退の主張及び履行の提供の主張がある。最後の点は遅延損害金の最終日に関する主張であると解される。

抗弁として,Xらの組合脱退についての特約(抗弁①)及び民法678条1項但書該当事実の主張(抗弁②)がされている。

本件判例の要旨はこの点に関する組合契約の解釈の問題であることが理解できる。

組合契約の解釈はこのような要件事実の一部に関するものであることが理解されよう。

争いのない事実は自白として,立証を要しない(民訴法179条)。そこでY₁が契約当事者であるという点,組合脱退及び債務の連帯性の点が立証を要することとなり,前者の点は簡単に認定されている。

問題は組合脱退の点に関する組合契約の解釈であり,その契約条項のほか,契約事情が認定されることになる。その上で組合脱退の肯否が判断される。

契約の解釈は契約事情ないし契約環境が問題となるので,多くの事件において双方当事者は単純に相手方の主張を否認し,抽象的に請求原因事実や抗弁事実を主張したり,抗弁に対する認否を

第 3 債 権

したりするだけでは足りず，具体的に自己に有利な事実を主張する必要があるが，本件でも双方から具体的な事実の主張がなされている。

その他係留権，桟橋工事の立替金の点は相当な計算方法の問題であり，大きな争点ではない。

講義においては，これを基礎として，契約解釈一般の諸問題に議論を発展させることになろう。

さて，本論に入りたい。本件第 1 審は，本件ヨットの平成 3 年 8 月当時の価格は 950 万円であり，係留権立替金残額は 60 万円，桟橋工事立替金は 50 万円（X_1 請求分）であるとの認定に基づき，これを組合員の持分割合により割り振った金額に限り認容して，連帯支払を命じ，その余を棄却した。

第 2 審は組合脱退に関する組合契約の解釈として被告の第 1 主張のとおりに限定して解して，本件では脱退を認められないと判断したので，本件では持分返還を認容しないことになった。そこで第 1 審判決を変更して係留権立替金残 60 万円及び桟橋工事立替金 50 万円（X_1 請求分）に基づき組合員の持分割合により割り振った金額に限り認容し，しかも非連帯債務として認容し，その余の部分の立替金及び持分返還請求を棄却した。

本件ではこのように出資金返還請求をめぐり，組合脱退についての組合契約の解釈が第 1 審と第 2 審とで異なった。

上告審は民法 678 条をやむを得ない場合には組合員は組合の存続期間の定めの有無にかかわりなく任意脱退が許され，同規定は強行規定であると解して，出資金返還請求に関

する第2審の判断を違法として破棄して事件を第2審に差し戻し，その余の点，すなわち係留権立替金及び桟橋工事立替金については上告理由を提出しないとして上告を却下した（旧民訴法399条，399条の3，新民訴法316条，317条参照）。この点は，上告審としては組合脱退に関する実質審理をして判決の形式をとったため，決定事項ではあるが判決の中で判断されたものと解せられる。

このような結論が実際の訴訟の審理の中で要件事実のどの部分で問題となったかという観点からみることは，判例の実際上の意義を理解するために有益である。

簡易訴訟メモは，第1章において詳説したとおり，授業の時間の配分上第1，2審判決を素材とした要件事実の整理を試みる暇がなかったときに，最高裁判例の判旨の中で紹介されている事実関係の記載を素材として要件事実の整理を試みるものである。本件最高裁判例では理由中には「原審の確定した事実関係の概要」として掲げられている事実関係から要件事実の整理を試みることになる。理由中に記載されている原審の確定した事実に基づく場合には相手方の認否に当たる部分の記載がないので，その部分は省略する。単に請求原因，抗弁，再抗弁に該当する事実を分類するだけで終わることになる。

しかしこれだけでも，どの事実がどの要件事実に該当するかを明確に意識することになり，要件事実の整理の練習になるであろう。そしてこれが判旨の論点に確実に関係する事実であるから当該判例の理論を分析し理解する上に有益であるはずである。

なお，本件上告審において上告理由を提出しなかったことを理

第 3 債　権

由に上告却下となつた部分について述べると，新民訴法附則 20 条，旧民訴法 399 条の 3，399 条（新民訴法 317 条，316 条，新民訴規則 196 条 2 項）により最高裁判所は本判決において上告を却下したものと解される。

この点についての X らの主張は前記のとおり，X らは上記組合契約が成立したこと，その業務執行としての契約履行の際に費用を立替え払いしたことの主張である。

(参照) 判解民 [6]，時の判例 II 私法(1)［民 82］

要件事実論序説―「訴訟メモ」のすすめ

5 転用物訴権

[18] 最判（3小）平成7年9月19日民集49巻8号2805頁
（京都地判平成2年2月28日，大阪高平成3年12月17日）
□不当利得金請求事件□
（判決要旨）

　甲が建物賃借人乙との間で請負契約に基づき建物の修繕工事をしたところ，その後乙が無資力になったため，甲の乙に対する請負代金債権の全部又は一部が無価値である場合において，右建物の所有者丙が法律上の原因なくして右修繕工事に要した財産及び労務の提供に相当する利益を受けたということができるのは，丙と乙との間の賃貸借契約を全体としてみて，丙が対価関係なしに右利益を受けたときに限られる。

　　　　　　[最判に基づく簡易訴訟メモ]
X（被控訴人・上告人）　　　Y（控訴人・被上告人）
（請求の趣旨）
〇〇円を支払え。
（請求原因）
(1) Yは本件建物を所有しており，昭和57年2月1日Aにこれを賃貸した。
(2) Xは昭和57年11月4日Aから建物改修，改装工事を代金5180万円で請け負い，昭和57年12月初旬に完成してAに引渡した。
(3) AはXに対し2430万円を支払ったが，残金2750万

第3 債 権

円を支払わないところ，その後所在不明となり，財産も判明しない。残代金は回収不能である。

(4) Yは利得を得，Xはよって損失を蒙った。Yの利得には法律上の原因がない。

(抗弁)

Xは下請人に代金を支払っていないからXに損失はない。

[標準訴訟メモ]

X （被控訴人・上告人）　　　Y （控訴人・被上告人）

(請求の趣旨)

YはXに対し，2750万円及び昭和57年12月11日から完済まで年5分の割合による金員を支払え。

(請求原因)

Ⅰ　不当利得返還請求（主位的請求原因）

(1) AはYより建物を賃借りしていたところ，XはS571104 Aから建物改修工事を代金3000万円で請け負い，その後内装設備工事2180万円で請負い，昭和57年12月10日に完成して引渡した。

(2) Aは2430万円支払ったが，その後所在不明であり，財産もなく，無資力であり，2750万円未払いのままである。

(3) Yは2750万円を利得した。

Ⅱ　必要費償還請求権の代位行使（予備的請求原因）

(1) AはYより建物を賃借りしていた。

(2) Aの本件工事は建物を店舗として使用収益するに必要な工事であった。AはYに対し必要費償還請求権を有す

る。
　Ⅲ　共　通
　Yが利益を受けた日の翌日は昭和57年12月11日である。
(請求原因の認否)
　Ⅰ　関　係
　(1)の事実中，AがYより建物を賃借りしていたことは認めるが，その余の事実は否認する。(2)，(3)の事実は否認する。(Xは下請人に代金を支払っていないし，またAがXの下請人に対して下請工事代金を全部支払済みであるからXに損失はない。)
　Ⅱ　関　係
　(1)の事実は認めるが，(2)の事実は否認する
　Ⅲ　関　係
　否認する。
(抗　弁)
　(1)　YはAと権利金を受領しない代わりにA自らの費用で使用収益に必要な工事をするが，返還時に金銭的請求しない旨約束をした。
　(2)　YはAに対して昭和57年12月24日無断転貸を理由に解除の意思表示をした。Aは同61年5月31日明け渡さなかったため，YはAに対し賃料相当の損害金2050万円の請求権を有する。
　(3)　Xの代表者BはYに対してこれにつき連帯保証した。
　(4)　Xは事実上倒産して法人格が形骸化しているのでX

第 3 　債 　　権

に対する請求権はBに対する請求権と同視できるのでYはXに対し平成元年7月6日相殺の意思表示をした。
(抗弁に対する認否)
　(1)の事実は認めるが、その特約は借家法6条違反して無効である。(2)の事実は争う。(3)の事実中Xの代表者がBであることは認め、その余は否認する。(4)Xが事実上倒産したこと、相殺の意思表示がなされたことは認めるがその余の事実は否認する。

(本件に関する訴訟メモ作成について)

　ここでも本件に則して訴訟メモ作成の一般的な説明を試みたい。

　XはAに対して本件建物についての建築改修工事及び内装設備工事契約をして工事を完成して引き渡したとしてその代金請求権を有すること、Aは所在不明で、財産がなく無資力であること、YはAに本件建物を賃貸ししていたことから、XはAの無資力により損害を被り、他方、Yは本件建物に関して利得をするとして、不当利得返還請求をし、予備的に、AがYに対して必要費償還請求権を有し、XはAに対し本件各工事代金を有していて、Aにおいて権利行使の意思があるとは認められないことを理由として代位行使として本件各工事代金相当額の必要費償還請求をした。

　請求原因に対する認否として、YのAに対する本件建物の賃貸の事実は認めるが、本件工事関係の事実は不知、Aの無資力によりXが損害を被り、Yが利得を得たことは否認する、として、YとAとの間の本件建物に関する賃貸借契約の権利金の授受がなく、

126

Ａ自らの負担で必要な工事をし、返還時に金銭的請求をしない旨の特約の存在などの積極的事実を主張する。

この事実は必要費償還請求権を代位行使の関係では抗弁と解すべきであろう。

Ｘはこの積極的事実の特約の主張につき特約は借家法６条により無効であると主張する。

次いで、本件の具体的説明に移る。

第１審は、転用物訴権の構成をして、現存利益に限り認容し、その余を棄却した。

第２審はＡが下請人に工事代金を支払っていないなど自らの出捐がないため、Ｘに損失が発生したことを認められないとして、第１審の判断を取り消して、請求を棄却し、さらに予備的請求については前記特約があり、かつそれが借家法六条により無効とはならないとして、これを棄却した。

上告審は、「甲が建物賃借人乙との間の請負契約に基づき右建物の修繕工事をしたところ、その後乙が無資力になったため、甲の乙に対する請負代金債権の全部又は一部が無価値である場合において、右建物の所有者丙が法律上の原因なくして右修繕工事に要した財産及び労務の提供に相当する利益を受けたということができるのは、丙と乙との間の賃貸借契約を全体としてみて、丙が対価関係なしに右利益を受けたときに限られるものと解するのが相当である。けだし、丙が乙との間の賃貸借契約において何らかの形で右利益に相応する出捐ないし負担をしたときは、丙の受けた右利益は法律上の原因に基づくものというべきであり、甲が丙

第 3 債 権

に対して右利益につき不当利得としてその返還を請求することができるとするのは、丙に二重の負担を強いる結果となるからである。

……（中略）……本件建物の所有者である被上告人が上告人のした本件工事により受けた利益は、本件建物を営業用建物として賃貸するに際し通常であれば賃借人であるＡから得ることができた権利金の支払を免除したという負担に相応するものというべきであって、法律上の原因なくして受けたものということはできず、これは、……（中略）……本件賃貸借契約がＡの債務不履行を理由に解除されたことによっても異なるものではない。

そうすると、上告人に損失が発生したことを認めるに足りないとした原審の判断は相当ではないが、上告人の不当利得返還請求を棄却すべきものとした原審の判断は、結論において是認することができる。」（判決理由）（固有名詞を符号化した）主位的請求に関する上告に対して、本件の場合に法律上の原因なくして利益を受けたとはいえないとして、原審の理由は相当でないとしながら、結論において原審の判断を是認した。

なお、第１審判決（第２審判決が引用している）の「抗弁」事実の一部を「積極否認」として整理しているが、これは筆者の見解に従って修正したものである。

本件は転用物訴権として類型づけられる問題に属する。

転用物訴権に基づく請求要件の請求者に損失が生じ、相手方に利益が帰属し、その間に因果関係があるという要件事実が重要である。第１審はこの要件をみたすとしたが、第２審はその中の請求者に損失が生じたことが認められないとした。最高裁判所は権

利金の授受がなく借主が必要な工事をしても返還時に金銭的請求をしない旨の特約をしたことを考慮して、このような場合には請求者に損失が生じていても相手方に対して利得の返還を請求できないという論理をもって、結論として第2審判決を是認した。この最高裁判所の判断の基礎となった事実は、原告の損失と被告の利得との因果関係という要件事実に対する、被告の積極否認の事実であったことに注目すべきである。

このように要件事実を整理してみると、当該判決の判旨が事実のどの部分に関するかが明らかになる。そして、それに関する判決理由の論理構成が明確になり、判例の先例拘束の範囲の予測にも有益である。

なお、必要費償還請求権の代位行使は上告審の論点となっていない。

(参照) 判解民 [37]、民法判百 II (第5版) [70]、時の判例 II 私法(1) [民84]

[19]　最判(1小)昭和45年7月16日民集24巻7号909頁
　　　（福岡地判昭和43年3月25日、福岡高昭和40年8月30日）
　　　（差戻後・福岡高昭和47年6月15日判時692-52）

□**不当利得金請求事件**□

（判決要旨）

　　甲が乙所有のブルドーザーをその賃借人丙の依頼により修理した場合において、その後丙が無資力となつたため、同人に対する甲の修理代金債権の全部または一部が無価値であるときは、その限度において、甲は乙に対し右修理に

第 3 債 権

よる不当利得の返還を請求することができる。

━━━━［最判に基づく簡易訴訟メモ］━━━━

X （控訴人・上告人）　　　　Y （被控訴人・被上告人）

(請求の趣旨)

514,000 円及び遅延損害金を支払え

(請求原因)

⑴　Xは昭和 38 年 12 月 3 日 A よりブルドーザーの修理の依頼を受け，主クラッチ，オーバーホールほか合計 514,000 円相当の修理をして，同月 10 日これを A に引渡した。

⑵　前示ブルドーザーは Y の所有であり，前示修理により前示代金相当の価値の増大をきたしたものである。

⑶　Y は X の財産及び労務により前示相当の利益を受け X は前示相当の損害を受けた。

⑷　A は修理後 2 月余で倒産し，現在無資産であるから，回収の見込みは皆無である。

前示ブルドーザーは昭和 38 年 11 月 20 日頃 A において Y から賃借りしたものであるが，同 39 年 2 月中旬より下旬にかけて Y が A より引き揚げた上，同年 5 月，代金 170 万円（金利含み 190 万円）で他に売却したもので，前示利得は，売却代金の一部として現存している。

(請求原因の認否) (不明)

━━━━━━━━━━［標準訴訟メモ］━━━━━━━━━━

X （控訴人・上告人）　　　　Y （被控訴人・被上告人）

(請求の趣旨)

YはXに対し，51万4000円及び昭和39年8月18日から完済まで年5分の割合による金員を支払え。

(請求原因)

(1) Yは昭和38年11月10日ころブルドーザー1台をAに賃貸した。その後Xは同年12月3日右賃借人Aの依頼により前示ブルドーザーにつき51万4000円相当の修理をし，Aにこれを引き渡した。

(2) Yは昭和39年2月頃までに前示ブルドーザーの返還を受け，同年5月頃170万円でこれを転売した。

(3) 前示修理により前示ブルドーザーの価値は増大した。
Xの修理代金請求の暇もなく修理後2月余でAは倒産した。そのため前示修理代金の回収の見込みがない。

(4) 前示ブルドーザーはYのAに対する賃貸前から上記修理を要したものであり，Yは本件ブルドーザーを賃貸当時修理の必要なことを予見し，又は予見しうべきものであり，現に賃貸後旬日余にして修理を依頼したこと，修理後2か月余にしてYは本件ブルドーザーの返還を受けたが，これは外の商品代の不履行を理由とするもので，この行為はAの倒産の原因となったこと，Xが修理代金債権の行使をしなかったのは，Yが本件ブルドーザーの返還を受けていたので，先取特権の行使が阻害されたこと，などがあり，これらのことからみるとYの利得とXの損害との間に因果関係がある。

(請求原因の認否)

第3 債　権

> (1)の事実中，修理代金額は不知，その余の事実は認める。
> (2)の事実中，返還を受けたことは認め，その余の事実は否認する。
> (3), (4)の事実は否認する。

第1審は，Xが損害を受けたこととYが修理された本件ブルドーザーの返還を受けて利益を得たこととの間には社会通念上因果関係を見出すことはできないとして，請求を棄却した。

第2審も，同様の趣旨の判示をして控訴を棄却した。

上告審は，「……本件ブルドーザーの修理は，一面において，上告人にこれに要した財産および労務の提供に相当する損失を生ぜしめ，他面において，被上告人に右に相当する利得を生ぜしめたもので，上告人の損失と被上告人の利得との間に直接の因果関係ありとすることができるのであつて，本件において，上告人のした給付（修理）を受領した者が被上告人でなく訴外会社であることは，右の損失および利得の間に直接の因果関係を認めることの妨げとなるものではない。」(判決理由)として，破棄して原審に差戻した。

本件では原告は不当利得構成をとっており，各審級の裁判所もこれに従って判断しているので，本稿での訴訟メモも同様の構成をもって作成した。

しかし周知のとおり，本件事案はいわゆる「転用物訴権」の問題として学説上位置付けられており[注1]，これが不当利得とは異なる法律構成となる場合には，そこで考えられる権利変動の要件

も異なるものとなろう。訴訟実務においては本件におけるように不当利得構成による訴状が提出された場合に，裁判官がその訴状をみて別の法律構成を必要とすると解するときはその見地から釈明をすべきことになる。現にこの視点からみると，前項所掲の最判（3小）平成7年9月19日の判例の第1審判決においてはその点に関する記載があることに注意すべきである。すなわち，前示判決では「この請求権は，講学上転用物訴権と呼ばれるものであり，理論上不当利得返還請求権の範疇にいるか否かについては疑義がないではないが，広い意味での不当利得返還請求権には含まれるものと解され，原告の本件主位的請求も，この請求権に基づくものと解される。」と記載されており，当該事件では不当利得の枠内で若干の修正をして構成するという見地と解される。これは当事者の立場からいえばどのような法律構成のもとに訴状を提出するかという問題となろう。

(注1) 最判（1小）昭45・7・16判批，加藤雅信・民法判百Ⅱ（第4版・平8）152頁，山田幸二・民商64巻4号（昭46）668頁参照

(参照) 判解民 [19]，民法判百Ⅱ（4版）[73]

第 3　債　権

6　医師の過失と患者の自己決定

[20]　最判（3小）平成 12 年 2 月 29 日民集 54 巻 2 号 582 頁
（東京地判平成 9 年 3 月 12 日，東京高判平成 10 年 2 月 29 日）
□損害賠償請求事件□

（判決要旨）

　医師が，患者が宗教上の信念からいかなる場合にも輸血を受けることは拒否するとの固い意思を有し，輸血を伴わないで肝臓のしゅようを摘出する手術を受けることができるものと期待して入院したことを知っており，右手術の際に輸血を必要とする事態が生ずる可能性があることを認識したにもかかわらず，ほかに救命手段がない事態に至った場合には輸血するとの方針を採っていることを説明しないで右手術を施行し，患者に輸血をしたなど判示の事実関係の下においては，右医師は，患者が右手術を受けるか否かについて意思決定をする権利を奪われたことによって被った精神的苦痛を慰謝すべく不法行為に基づく損害賠償責任を負う。

［最判に基づく簡易訴訟メモ］

　亡Ａ訴訟承継人
$X_{1\sim4}$　（控訴人・被上告人・附帯上告人）
Ｙ　（被控訴人・上告人・附帯被上告人：国）
（請求の趣旨）
　〇〇円を支払え。
（請求原因）

(1) A（女）は昭和4年生まれ，昭和38年から「エホバの証人」の信者であり，同教団は輸血を受けることはできないという信念を持っていた。

(2) Yは東京大学医科学研究所付属病院（医科研）を設置し運営しており，平成4年当時U医師らは医科研勤務の医師であった。

(3) Aは平成4年7月28日医科研で受診し，同年8月18日入院し，同年9月16日肝臓腫瘍摘出手術を受けた。

(4) U医師等は同年9月17日手術し，その際に輸血した。

(5) 入院し，手術をうけるまでの期間に，A，X_1，X_2はU医師，同医科研勤務のT，Iに対し，Aは輸血を受けることができない旨伝えた。さらに，X_2はU医師に対してA，X_1連署の免責証書を手渡したが，その証書にはAは輸血を受けることができないこと，輸血をしなかったため生じた損傷に関しては医師及び病院職員等の責任を問わない旨が記載されていた。

(6) このようにして，AはYとは輸血をしない旨特約したのに，手術に際して輸血した。

(7) Aは医科研を退院後，平成9年8月13日死亡し，Xらはその相続人である。

（抗　弁）

U医師らは，輸血をしない限りAを救うことができない可能性が高いと判断して輸血をしたのであり，違法性を阻却する。

第 3 債　権

［標準訴訟メモ］

亡Ａ訴訟承継人

$X_{1〜4}$（控訴人・被上告人・附帯上告人）

Y_1（被控訴人・上告人・附帯被上告人：国）

$Y_{2〜7}$（被控訴人）

(請求の趣旨)

　Ｙらは各自X_1に対し600万円及びX_2ないしX_4に対し各200万円並びにこれらに対するY_7につき平成5年7月17日，その余のＹらにつき同月16日から支払い済みまで年5分の割合による金員を支払え。

(請求原因)

　(1)　Ａは昭和4年の主婦で，昭和38年から「エホバの証人」の信者であった。

　(2)　同教団は輸血を受けることはできないという宗教上の信念を持っていた。

　(3)　Y_1は東京大学医科学研究所（医科研）付属病院を設置し運営しており，平成4年当時その余のＹらは医科研勤務の医師である。

　(4)　Ａは，平成4年7月28日医科研で受診し，同年8月18日に入院し，同年9月14日Y_1との間で肝臓右葉付近腫瘍摘出手術を主たる治療とする診療契約締結した。

　(5)　Ｙ医師等は同年9月17日手術をし，輸血をした。

　(6)　ＡとY_1とは手術中いかなる事態になってもＡに輸血しないとの特約をした。

　(7)　(仮)　Ｙ医師等は手術中いかなる事態になっても輸

血を受け入れないとのAの意思を認識した上でそのAの意思に従うかのように振る舞った。

(8)　Y医師等は右特約に反して、仮に特約が認められないとしてもAに対する説明義務を尽くさず曖昧なままにして、Aの自己決定権、信教上の良心を侵害した。

(9)　債務不履行（Y_1）又は不法行為（$Y_{2～7}$一般不法行為責任、Y_1使用者責任）による精神的苦痛の慰謝料は1000万円を超え、弁護士費用200万円を要するところ、Aは平成9年8月13日に死亡したので、これをX_1は夫として、X_2ないしX_4は子として相続し、法定相続分に応じた請求をする。

(請求原因の認否)

請求原因(1)、(3)ないし(5)の事実は認め、同(2)の事実は不知、同(6)ないし(9)の事実は争う。

(抗　弁)

本件輸血は社会的に相当な行為であり、緊急事態の管理である（違法性阻却）。

(抗弁の認否)

争う。輸血は不可欠でなかった。

第1審は原告らの請求を棄却する。その理由の要点は次のとおりである。

医師が患者との間で輸血以外に救命方法がない事態が生じた場合に、いかなる事態になっても輸血をしない特約をすることは公序良俗に反して無効であるから、Y_1に対する債務不履行に基づ

第 3 債 権

く損害賠償請求は失当である。さらに，医師が患者の救命を最優先して，手術中に輸血以外に救命方法がない事態になれば輸血するとまでは明言しない対応をすることが違法であるかどうかは，患者と医師の関係，患者の信条，患者及びその家族の行動，患者の病状，手術の内容，医師の治療方針，医師の患者及びその家族に対する説明等の諸般の事情を総合考慮して判断すべきであるところ，本件では違法性は認めがたいので，不法行為責任も認めがたい。

第 2 審は，原告らの控訴により，Y_1，Y_4，Y_5，Y_7につき原判決を変更し，請求の一部を認容し（ただし，Y_1の債務不履行は認め難い），Y_2，Y_3，Y_6につき請求を棄却した。その理由の要点は次のとおりである。

無輸血の特約が成立したことを認めることはできない。したがって，Y_1の債務不履行は認め難い。

説明義務違反について，本件におけるような手術を行うについては，患者の同意が必要であり，医師がその同意を得るについては，患者がその判断をする上で必要な情報を開示して患者に説明すべきものである。この同意は各患者個人の自己決定権に由来するものである。本件ではその病状からしてその手術をしたからと言って必ずしも治癒が望めるというものではなかった。このような事情から考えると，Aが相対的無輸血の条件下でなお手術を受けるかどうかの選択権は尊重されなければならなかった。本件手術の執刀医としての最終責任者はY_7であり，Y_4，Y_5は主治医であった。これらの者に説明義務違反の責任があり，Y_1は使用者としての責任がある（民法 709 条，710 条，715 条）。Y_2は肝臓

外科専門医，Y₃及びY₆は麻酔医であり，患者に対する説明義務を負う者ではなく，本件において輸血は必要であったと認められるので，不法行為責任は認めがたい。

上告審はY₁の上告を棄却し，Xら附帯上告を棄却した。その要旨は前記のとおりである。

本件は患者の自己決定権と医者の説明義務という医療関係の重要で深刻な問題に関する。本件ではその点こそが最も議論されるべきものであろう。これは授業の中でも最重要課題として扱われてもよい。

しかし，本稿は要件事実論の見地から事実整理について考察するものであるから，その点に限り説明しておきたい。

要件事実の整理に際して注意すべき点を指摘すれば次の点である。

まず請求の数は，通常共同訴訟であるから，原告の数に被告の数を乗じ，かつ付帯請求があるのでこれを加えた数となる。

次に，本件は国家賠償責任でなく一般不法行為として構成して主張され是認されている。

東京大学医科学研究所附属病院であり国立であるから国が被告となるが，医療行為は権力関係に当たらないので国家賠償法1条の適用はない[注1]。

また，本件では国の責任につき債務不履行責任が主張され，併せて不法行為責任も主張されていることに注意すべきである。

一般に医療に関する損害賠償は不法行為と構成することができる場合が多いが，これとともに医師又は法人等としての病院と患者との医療契約が観念されて，これを契約関係の紛争と解して債

務不履行による損害賠償と構成することもできる(注2)。一般的にいえば，債務不履行として主張すれば故意過失の主張，立証責任が債務者にあり，不法行為を主張すればこの点の主張，立証責任が債権者にあることになるので，その点で，債務不履行責任を主張する方が原告（債権者）に有利である。

これはあたかも債務不履行と不法行為との関係として一般に論じられてきた議論の延長線上において理解することができる。請求権競合説によると，債務不履行による損害賠償請求権と不法行為による損害賠償請求権とが併存することができるが，法条競合説によると，特別法による請求権である債務不履行による損害賠償請求権が生じる。それゆえ，訴訟上の主張は請求権競合説によると本件におけるように選択的に主張できるが，法条競合説によると，仮定的に主張されることになる。

さらに，本件では，輸血しないという特約違反の主張があり，仮定的（予備的）に説明義務違反の主張もある。事実主張として両立しない場合には仮定的（予備的）主張となり，両立する場合には選択的な主張となる。本件の輸血をしないという特約と相対的無輸血の方針（手術に当たりできる限り輸血しないこととするが，輸血以外に救命手段がない事態になった場合には輸血すること）の説明とは両立しないから仮定的主張と解せられる。

(注1) 最判(1小)昭和36年2月16日民集15巻2号244頁参照。なお，金沢地判平成15年2月17日判時1841号123頁は国家賠償法1条1項，民法715条若しくは同415条に基づく損害賠償請求につき，「不法行為もしくは債務不履行に基づく損害賠償請求権」として一部認容している。

（注2） 加藤・前掲不法行為87頁，前掲金沢地判平成15年2月17日の判決理由参照

（参照）判解民 [6]，時の判例 II 私法(1) [民 100]

第3　債　権

7　被害者の素因と過失相殺の類推適用，因果関係

[21]　最判（1小）昭和63年4月21日民集42巻4号243頁

（東京地判昭和51年11月15日,東京高判昭和58年9月29日）

□損害賠償請求事件□

（判決要旨）

身体に対する加害行為と発生した損害との間に相当因果関係がある場合において，その損害がその加害行為のみによつて通常発生する程度，範囲を超えるものであつて，かつ，その損害の拡大について被害者の心因的要因が寄与しているときは，損害賠償額を定めるにつき，民法722条2項を類推適用して，その損害の拡大に寄与した被害者の右事情を斟酌することができる。

[最判に基づく簡易訴訟メモ]

X　（控訴人・被控訴人・上告人）

Y_1　（被控訴人・控訴人・被上告人）

Y_2　（同上）

（請求の趣旨）

　各自○○円の支払

（請求原因）

　(1)　昭和44年3月20日午後6時40分浜松町宮竹町648番地先路上で，Y_1の保有する普通乗用車をY_2が時速40km〜50kmで運転し，普通乗用自動車をAが運転し，X（当時52歳）を同乗させていた。

　Y_2は被害車の15〜18m後方追従進行中，突然急停車

のため急ブレーキ掛けて停車使用としたが間に合わず，被害車の後部に自車の前部を接触させた。

被害車の運転者Aが追突に際してブレーキを掛けていなかったため前に押し出された。

衝撃の程度軽度であったが，人体に衝撃を感じる程度であった。

目立った損傷もなく，Xは何ら異常がない旨Yに述べた。

(2) 事故後の症状

Xは昭和44年3月22日に東病院に赴いたが，当初異常なく，暫くして気分悪くなり，頭，頸に痛み，吐き気等と訴えて診察を受けたところ医師は外傷性頭部症候群として約50日安静加療必要として入院勧め，即日入院し，その後他の病院においても受診し治療を受けたが，昭和54年7月ころまで入退院を繰り返し最近は徐々に回復しつつある。

(請求原因の認否)

(1)の事実は認めるが，(2)の事実は争う。

(抗　弁)

医原病というべきものか，医師において薬剤使用を誤ったことによるものであり，賠償額に減額事由がある。

(抗弁の認否)

否認

----[標準訴訟メモ]----

X　（控訴人・被控訴人・上告人）

Y_1　（被控訴人・控訴人・被上告人）

第3　債　権

Y₂　（同上）
(請求の趣旨)
　Yらは各自1000万円及び昭和47年8月1日から支払済みまで年5分の割合による金員を支払え。
(請求原因)
　(1)　(a)昭和44年3月20日午後6時40分浜松町宮竹町648番地先路上で普通乗用自動車をY₂が運転し，Aが普通乗用自動車を運転し，Xは同乗していた。(b)一時停車中の被害車に追突した。
　(2)　Y₁は加害車を保有し，これを運行の用に供した者である。Y₂は加害車の運転者として，車間距離を保持せず，前方不注視の過失がある。
　(3)　損　　害
　Xは，全身打撲傷，外傷性頭頸部症候群，体幹機能障害等の傷害により，昭和44年3月22日から昭和46年12月15日まで入院し（その間当初から昭和44年12月30日まで要付添），その後昭和52年7月4日まで自宅療養，その後同54年7月31日まで入院し，その後同55年5月1日（同日症状固定）まで通院し，その後さらに現在まで通院している。
　その費用は次のとおりであり，その一部請求として1000万円を請求する。

　治療費　　　　　426万4947円
　付添費　　　　　56万8000円
　休業損害　　　1221万7292円

入通院慰謝料　　　　500万円
後遺障害逸失利益　719万8926円
後遺症慰謝料　　　　200万円
損害補填　　　　　　285万円
弁護士費用　　　　　200万円
差引合計　　　　3039万9165円
（請求原因の認否）

(1) (a)は認め，同(b)は否認。本件事故は追突事故というべきものではなく，加害車が停車と同時に被害者の後部にかすかに触れたに過ぎず，人体に感ずるほどの衝撃はなかった。その原因はXの夫運転者が急停車の措置を取ったためXが頸部損傷を被ったものである。又，医師の薬剤使用に過失があったことによる。(2)中Y_1が車両を保有していたことは認めるが，その余の事実は否認する。(3)中治療の事実は不知，その余の事実は否認する。

（抗　弁）

（仮）本件以前にも損害賠償請求の経験があり，過大な愁訴により高額な賠償金を得られることのあることを知っていたことから，初診時に医師に過大な愁訴をしたところ，医師が50日間の安静加療を要するという診断をし，Xの訴えるまま長期入院を続けさせた結果による医原病というべきものである。

（抗弁の認否）

否認する。

第 3 債　権

第 1 審は，76 万 8,099 円及びこれに対する昭和 47 年 8 月 1 日から年 5 分の損害金の支払いに限り認容したが，その余は棄却した。参照判決（第 1 審判決）に理由の記載がないのでその理由は不明である。

第 2 審は，治療費，休業補償，入通院慰謝料の合計 706 万 9658 円の損害を認めたが，事故と損害との因果関係についていわゆる割合的認定の理論を採用し，過失相殺の規定を類推適用して，被上告人らに賠償責任を負担させるのが相当であるのは事故後 3 年を経過した昭和 47 年 3 月 20 日までに発生した損害のうちその 4 割の限度であるとし，その余は負担させるべきでないと判断して，その認定の残額は既に得ている損害の填補額に満たないと判断して，請求を棄却した。

上告審は，この第 2 審の判断を是認して，「身体に対する加害行為と発生した損害との間に相当因果関係がある場合において，その損害がその加害行為のみによつて通常発生する程度，範囲を超えるものであつて，かつ，その損害の拡大について被害者の心因的要因が寄与しているときは，損害を公平に分担させるという損害賠償法の理念に照らし，裁判所は，損害賠償の額を定めるに当たり，民法 722 条 2 項の過失相殺の規定を類推適用して，その損害の拡大に寄与した被害者の右事情を斟酌することができるものと解するのが相当である。」（判決理由）と判示し，その原判決認定の具体的事実を詳細に指摘してこれを是認する。

自動車事故による人身事故（生命・身体の被害事故）であり，被告が加害車の運行供与者である場合には，原告は自動車損害賠

償保障法(自賠法)第3条により事実主張をすることができるので，請求原因としては故意過失の主張を要しない。それゆえ，原告としては，被告が事故を起こし，又は加害車両の保有者であること，事故により原告ないし被害者が人身被害を受けたこと，その損害額を主張する必要があるに過ぎない。同条但書きによると加害者側主張，立証すべき免責事由が規定されているが，実際の訴訟ではその主張例は少なく，仮に主張しても免責が肯定される事例は少ない。このような責任を過失責任と無過失責任の中間に位置することから「中間責任」と称することがある。

しかし，本件Y_2のように被用者も共同被告とされる場合にはこの点については同法3条の適用がなく民法709条以下の適用があるためY_2の前方不注視の過失が主張されている。

なお，いわゆる物損事故の場合は自賠法3条の適用がないため，一般の不法行為の要件事実の主張が必要となる。

自動車事故の要件事実のうち損害賠償額の主張については多くの参考算定の資料があるので参考とするのが賢明である[注1]。

本件で問題となった心因的要因の寄与の事実は，要件事実の整理の見地からは民法722条2項の類推適用により，損害という結果に対する本件不法行為の寄与度の減殺事由（損害賠償請求権の一種の障害事由）であり，抗弁事実となると解すべきである[注2]。それゆえ，本件の第1審，第2審判決で請求原因の認否の中に記載されている点は不正確のそしりを免れない。

（注1） 倉田卓次・宮原守男〔2003年〕交通事故損害賠償必携（資料編），塩崎勤・羽成守・交通事故損害賠償必携（算定事例編）（平3）参照

（注2） 村上博巳・立証責任に関する裁判例の総合的研究・司法研究報告

第 3 債 権

書第 14 輯第 3 号 152 頁以下参照

(参照) 判解民 [9]

[22] 最判(1 小)平成 4 年 6 月 25 日民集 46 巻 4 号 400 頁
(東京地判昭和 59 年 1 月 17 日,東京高判昭和 63 年 4 月 25 日)
□**損害賠償請求事件**□
(判決要旨)

被害者に対する加害行為と加害行為前から存在した被害者の疾患とがともに原因となって損害が発生した場合において,当該疾患の態様,程度などに照らし,加害者に損害の全部を賠償させるのが公平を失するときは,裁判所は,損害賠償の額を定めるに当り,民法 722 条 2 項の規定を類推適用して,被害者の疾患をしんしゃくすることができる。

------- [標準訴訟メモ] -------

X_1 (被控訴人・附帯控訴人・上告人)

X_2 (同上)

X_3 (同上)

Y_1 (控訴人・附帯被控訴人・被上告人)

Y_2 (同上)

Y_3 (同上:火災海上保険)

Y_4 (同上:火災海上保険)

(請求の趣旨)

(1) Y_1, Y_2 は各自 X_1 に 1304 万 7422 円, X_2 及び X_3 に各 932 万 6334 円並びに Y_1 は昭和 55 年 12 月 3 日から,

Y_2 は同年10月24日から支払済まで年5分の割合による金員を支払え。

(2) Y_3 は X らに対し各 533 万 3333 円，昭和 55 年 10 月 24 日から支払済まで年 5 分の割合による金員を支払え。

(3) Y_4 は X らの Y_2 に対する本判決が確定したときは，X_1 に 1064 万 0089 円，X_2 及び X_3 に 622 万 1801 円並びにこれに対する昭和 55 年 10 月 24 日から支払済まで年 5 分の割合による金員を支払え。

(4) (a) Y_1，Y_2 各自 X らに対し弁護士報酬規定による算出額の各 3 分の 1 に相当する金員

(b) Y_4 は X らの Y_2 に対する本判決が確定したときは，X らに対し前項同額を支払え。

(請求原因)

(1) 昭和 52 年 11 月 25 日午前 4 時 58 分ころ首都高速道路 4 号線下り車線上において本件交通事故が生じた。

加害車両　普通貨物自動車　Y_1 運転，Y_2 所有者

被害車両　普通乗用自動車，運転者亡 A

事故の態様　Y_1 は加害車両運転して片側二車線のうち路肩寄りの第 1 車線を走行中，被害車両が法定速度で運行していたにもかかわらず，後方より第二車線に変更し急速に進行接近し，被害車両の左後部に加害車両の右側面を衝突せしめた。

(2) 傷害，死亡

A は頭部打撲傷等の傷害，記憶障害・失見当識・健忘感情鈍麻・痴呆様行動などの精神障害を被り，長期に渡り入

院治療を受けたが，昭和55年12月29日入院先の病院で後遺障害による呼吸麻痺に陥って死亡した。

(3) 責任原因

Y₁は前方不注意，Y₂は運行供用者責任（自賠法3条）

Y₃はY₂と自動車損害賠償保険契約締結—自賠法16条に基づき支払義務

Y₄はY₂と自動車対人賠償保険契約締結—被保険者と損害賠償請求権者であるXらとの間の損害賠償額が確定した時に，保険金額の限度で自賠責保険で支払われる金額を超過する損害賠償額の支払いをなす義務を負う。

(4) 損　害

治療費　　　　　196万4494円

入院雑費　　　　 54万6500円

逸失利益　　　 1246万8010円

慰謝料　　　　　1000万円

相続X₁はAの妻，X₂，X₃は子各3分の1宛相続

慰謝料X₁　　　　 300万円

　　　　X₂，X₃各100万円

付添看護料X₁　218万1838円

葬儀費X₁　　　　53万9250円

弁護士費用Xら　弁護士報酬規程による金額

(請求原因に対する認否)

請求原因(1)の事実中被害車の速度が制限速度であったことは否認するが，その余の事実は認める。

請求原因(2)の事実中Aの死亡と本件事故との因果関係は

否認する。

　請求原因(3)の事実は認める。

　請求原因(4)の事実中，治療費，入院雑費，付添看護料，葬儀費用の額は不知，逸失利益，慰謝料については否認し，相続関係は認める。

（抗　弁）

　(1)　仮にAの死亡と本件事故との因果関係が認められるとしても，Aは本件事故の1ヶ月前に一酸化炭素中毒により精神障害を呈していたにもかかわらず，被害車両を運転し，高速道路の追越車線上で後続車両の安全に注意することなく，停車ないしそれに近い速度で走行していた過失があり，これらの事情は過失相殺の資料とされるべきである。

　(2)　自賠責保険より100万円が支払われた。

（抗弁の認否）

　否認する。

　本件は第2審における損害額の主張は第一審判決認定のとおりとなっている。多分，そのような当事者間での協議がなされたか，第2審裁判所の訴訟指揮がしからしめたか不明であるが，そのように整理された稀な事例である。しかし，そのため損害額の関係では円滑な訴訟運営がなされたものと思われ，それだけ焦点を過失相殺その他の減額事由の審理に集中できたと解される。そのような次第で，上記訴訟メモの記載は損害額については，専ら第2審判決（控訴審判決）と同じとなっている。

　第1審判決は弁護士費用を除く損害賠償額につき右請求原因記

載の額のとおりに認定し，一酸化炭素中毒による損害に対する本件事故の寄与率を40パーセント，過失相殺を10パーセントと認定した。なお，弁護士費用の主張は第2審においてはじめてなされたものである。

第2審判決では，損害賠償額については第1審認定のとおりの金額に争点整理がなされ，この点に関する当事者の主張も第2審の認定も第1審認定のとおりになっている。実質上の争点を本件事故がAの死亡にどの程度寄与したかという点に絞るという争点整理がなされたものと推測される。そして第2審はこの点の寄与率を50パーセント，過失相殺を30パーセントと認定し，それにそう主文となっている。この寄与率に関する判断はいわゆる引用判決[注1]でありかつ訂正が細切れであるので第2審判決から読みとることは至難の業であるが，上告審の紹介する原審の認定からその大要を理解することができる。ただし，第2審において追加拡張された弁護士費用に関するXらの請求は「弁護士報酬規定18条1項によって定まる標準額」と主張したため裁量の要素が含まれているため事実整理としては不特定の誹りを免れない。

上告審判決は「被害者に対する加害行為と被害者のり患していた疾患とがともに原因となって損害が発生した場合において，当該疾患の態様，程度などに照らし，加害者に損害の全部を賠償させるのが公平を失するときは，裁判所は，損害賠償の額を定めるに当たり，民法722条2項の過失相殺の規定を類推適用して，被害者の当該疾患をしんしゃくすることができるものと解するのが相当である。けだし，このような場合においてもなお，被害者に生じた損害の全部を加害者に賠償させるのは，損害の公平な分担

要件事実論序説―「訴訟メモ」のすすめ

をはかる損害賠償法の理念に反するものといわなければならないからである。」(判決理由)と判示した。

(注1) 拙著・民事訴訟法の解釈と運用(平13)142頁参照

(参照) 判民解[11], 時の判例Ⅱ私法(1)[民102]

[23] 最判(3小)平成8年10月29日民集50巻9号2474頁
(宮崎地延岡支判平成3年1月22日, 福岡高宮崎支判平成4年12月25日)
□損害賠償請求事件□
(判決要旨)

(1) 不法行為により傷害を被った被害者が平均的な体格ないし通常の体質と異なる身体的特徴を有しており, これが, 加害行為と競合して傷害を発生させ, 又は損害の拡大に寄与したとしても, 右身体的特徴が疾患にあたらないときは, 特段の事情がない限り, これを損害賠償の額を定めるに当たりしんしゃくすることはできない。

(2) 交通事故により傷害を被った被害者に首が長くこれに伴う多少の頸椎不安定症があるという身体的特徴があり, これが, 交通事故と競合して被害者の頸椎捻挫等の傷害を発生させ, 又は損害の拡大に寄与したとしても, これを損害賠償の額を定めるに当たりしんしゃくすることはできない。

[最判に基づく簡易訴訟メモ]
□損害賠償請求事件□

第 3　債　権

X　（控訴人・被控訴人・上告人）

Y₁　（被控訴人・控訴人・被上告人）

Y₂　（同）

Y₃　（同：海上火災保険）

(請求の趣旨)

　○○円及び△△日より年5分の遅延損害金を支払え

(請求原因)

　(1)　Y₁は昭和62年2月27日○○道路上において，Y₂所有の普通乗用自動車を運転して走行中，Xの運転する自家用乗用自動車に自車を追突させた。Xは本件事故により，運転席のシートに頭部を強く打ち付けた。

　(2)　Xは本件事故直後から首筋にしびれや痛みを感じ，翌日，整形外科医院において受診したが，その時点で，頸部痛等の症状があり，頸椎捻挫と診断された。Xは，昭和62年3月4日から同年12月16日まで，右病院に入院し治療を受けたが，頸部・後頭部疼痛等の症状があり，右退院後も通院治療を継続している。Xは，右入院中に視力の低下を訴えて，昭和62年4月23日，眼科医院において受診したところ，矯正視力の低下等の症状が見られ，これら眼症状は，頭頸部外傷症候群によるものと診断された。

　(3)　Y₃はY₂と自家用自動車保険契約を締結しており，その義務の履行として被害者Xに対して損害賠償額相当の保険金を支払う義務を負う。

(抗　弁)

　(1)　Xは平均的体格に比して首が長く多少の頸椎の不安

定症があるという身体的特徴を有していたところ、これに本件事故による損傷が加わり、左胸郭出口症候群の疾患やバレリュウー症候群を生じた。少なくとも身体的特徴がバレリュウー症候群の疾患に起因する症状を悪化ないし拡大させた。頭頸部外傷症候群による眼症状についてもその身体的特徴がその症状の拡大に寄与している。

(2) Xの各症状の悪化ないし拡大につき、少なからず心因的要素が存するということができる。

(3) 民法722条2項の過失相殺の規程の類推適用により首が長いという素因及び心因的要素を斟酌すべきである。

[新様式判決訴訟メモ]

□損害賠償請求事件□

X　（控訴人・被控訴人・上告人）

Y_1　（被控訴人・控訴人・被上告人）

Y_2　（同上）

Y_3　（同上：海上火災保険）

(請求の趣旨)

(1) Y_1, Y_2は各自Xに対し5000万円、昭和62年2月27日から支払済まで年5分の金員を支払え。

(2) Y_3はXらのY_2に対する本判決が確定したときは、Xに対し5000万円、判決確定の日から支払済まで年5分の金員を支払え。

(請求原因)

(1) Y_1は昭和62年2月27日午後10時5分ころ○○

第 3 債　権

> 路上において普通乗用自動車を運転中，前方不注視により，前方停車中のバス待ちのため徐行中のX運転の乗用自動車の後部に自車を追突させた。
>
> 　Y₂は加害車の所有者である。
>
> (2)　Y₃はY₂と自家用自動車保険契約を締結しており，同約款1章6条の規定は被害者への損害賠償の支払いの義務を定めているので，Y₃は損害賠償を支払う義務がある。
>
> (3)　本件事故とXの症状との間に因果関係がある。症状固定の時期，損害額の主張
>
> (請求原因の認否)
>
> 　請求原因(1)は認め，(2)，(3)は否認する。
>
> (抗　弁)
>
> 　本件損害にはXの体質的素因の競合がある。

　以上の訴訟メモのうち，第1の訴訟メモは最判に基づく簡易訴訟メモであり，第2の訴訟メモは新様式判決用の訴訟メモである。新様式訴訟判決は交通事故による損害賠償請求事件については当事者の主張部分において損害額などにつきかなり省略されているため，その訴訟メモも省略が多くなる。

　簡易訴訟メモの作成により，主張，立証責任の分配の原則に則り，事実を請求原因と抗弁とに振り分けるという作業の訓練になる。

　ただし，前掲の簡易訴訟メモは，最判の理由に基づくものであり，本件上告理由が首が長いこと及び心因的訴因の考慮に限られておるため，Y₁の過失に触れられていない。

要件事実論序説―「訴訟メモ」のすすめ

　第1審は1133万2306円及びこれに対する遅延損害金の支払いを認めた。

　第2審は923万7187円及びこれに対する遅延損害金の支払いを認めた。その理由として、前記簡易訴訟メモ記載のとおり損害賠償額の算定に平均的体格に比して首が長いこと及び心因的要素がバレリュウー症候群の疾患に起因する症状及び頭頸部外傷症候群の症状を悪化ないし拡大させたことを考慮すべきことを掲げた。

　上告審は、「被害者が平均的な体格ないし通常の体質と異なる身体的特徴を有していたとしても、それが疾患に当たらない場合には、特段の事情の存しない限り、被害者の右身体的特徴を損害賠償の額を定めるに当たり斟酌することはできないと解すべきである。けだし、人の体格ないし体質は、すべての人が均一同質なものということはできないものであり、極端な肥満など通常人の平均値から著しくかけ離れた身体的特徴を有する者が、転倒などにより重大な傷害を被りかねないことから日常生活において通常人に比べてより慎重な行動をとることが求められるような場合は格別、その程度に至らない身体的特徴は、個々人の個体差の範囲として当然にその存在が予定されているものというべきだからである。

　これを本件についてみるに、上告人の身体的特徴は首が長くこれに伴う多少の頸椎不安定症があるということであり、これが疾患に当たらないことはもちろん、このような身体的特徴を有する者が一般的に負傷しやすいものとして慎重な行動を要請されているといった事情は認められないから、前記特段の事情が存するということはできず、右身体的特徴と本件事故による加害行為と

が競合して上告人の右傷害が発生し，又は右身体的特徴が被害者の損害の拡大に寄与していたとしても，これを損害賠償の額を定めるに当たり斟酌するのは相当でない。」(判決理由) と判示して，破棄差戻した。

本件は疾患に関する前掲 [22] 最判 (1 小) 平成 4 年 6 月 25 日の判旨は本件には当たらない旨の判示がある。

なお，交通事故の事件では損害の算定が重要な要素をなすので，本件に関しても 2 審判決の認定部分を基礎として算定の練習をすることを奨めたい。

(参照) 判解民 [31], 民法判百 II (第 5 版) [92], 時の判例 II 私法 (1) [民 26]

要件事実論序説―「訴訟メモ」のすすめ

8　共同不法行為

[24]　最判(3小)昭和43年4月23日民集22巻4号964頁
（水戸地土浦支判昭和37年8月31日，東京高判昭和39年4月27日）

□損害賠償請求事件（山王川事件）□

（判決要旨）

　共同行為者各自の行為が客観的に関連し共同して流水を汚染し違法に損害を加えた場合において，各自の行為がそれぞれ独立に不法行為の要件を備えるときは，各自が，右違法な加害行為と相当因果関係にある全損害について，その賠償の責に任ずべきである。

- - - - - - - - - - - [標準訴訟メモ] - - - - - - - - - - -

X₁外120名（被控訴人・被上告人）

Y（控訴人・上告人：国）

（請求の趣旨）

　YはXら121名に対し請求目録記載の金員及び昭和34年3月18日から完済まで年5分の割合による金員を支払え。

（請求原因）

(1)　山王川は石岡市大字石岡字鹿の子9950番地の柏原池に源を発して南東に流れ，常磐線高浜駅付近で霞ヶ浦に注ぐ川である。Xらは山王川の流水を灌漑用水に使って稲作栽培をしている農家である。

(2)　Y（国）は20数年前から石岡市常磐線石岡駅の東

北約600メートルの台地にアルコール工場を設置し主として甘藷澱粉，糖蜜等を原材料としてアルコールの製造を続け，アルコールを抽出した廃液を山王川に流してきた。

(3) この廃液には多量の窒素分が含まれているので，この廃液の流された山王川の流水を稲の灌漑用に使うと稲は窒素分過多のため徒長甚だしく出穂成熟を待たず倒伏するため普通作程度の収穫を得ることさえ不可能で一度強風に遭うと収穫皆無に近い惨状を呈する危険があった。Yとしてはアルコール製造過程から生ずる廃液は稲作上有害かどうかを十分研究調査し，有害であれば山王川に放流することは避けなければならないし，やむなく放流するときは廃液を無害なものにする処置を講ずべき義務があるのに，これを怠った。

(4) 昭和33年には稀に見る旱天が続き稲作に必要な降雨がなく，Xらは山王川の流水を全面的に灌漑水として用いざるをえなかった。そのため山王川の窒素分のため稲は徒長し出穂成熟を待たず倒伏し，結実期に台風があったため未成熟のまま倒伏し，稲の収穫は著しく，普通に稲が成熟したならば当然得ることのできる利益を失った。

(5) そのため，灌漑用水を得るために昭和34年から36年にかけて4本の深井戸を掘った。1号井戸の工事費34万6000円で市の補助18万8237円（差引15万7763円），2号井戸の工事費34万6000円で市の補助20万円（差引14万6000円），3号井戸の工事費37万円で市の補助20万円（差引17万円），4号井戸の工事費60万円で市の補助30万

円（差引30万円）がその費用であり，これら合計額に基づき算出した負担額がXら各人の損害額となる。加えて，昭和33年における稲作実収高を平年における稲作基準収量から控除し，その残高に同年度産米の政府買入価格石当たり9750円を乗じたものが収穫関係の損害額である。更に農業災害補償法による共済金を受け取ったためこれを損害合計額から差し引く。付帯請求の起算日は本件訴状送達の日の翌日である。
（請求原因の認否）
　(1)のうち山王川に関する事実は認めるがその余の事実は不知，(2)は認める。(3)のうち廃液に窒素分が含まれていることは認め，その余の事実は否認する。Yは本件アルコール工場に全国に先んじて昭和31年4月メタン酵素装置を設置してこれにより廃液中の窒素は約38パーセント除去されるに至ったので，Yとしては尽くすべき最善の手段を尽くしたのであり工場の設置に瑕疵があったとはいえない。(4)のうち昭和33年に旱天が続き，結実期に台風があったことは認めるが，その余の事実は不知。(5)政府の石当たり買い上げ価格は認め，その余の事実は不知。

　第1審は，Yの石岡アルコール工場の窒素分を含む排水はXらの稲の徒長倒伏の被害の原因であること，さらにこの被害回避のために行った4本の井戸掘りの工事をやむなくしたとしてその因果関係を是認できるとして，その認定額を限度としてXらの請求を一部認容し，その余を棄却した。

第３　債　権

　第２審は，第１審同様，因果関係を認めるが，Xらにも損害回避措置を怠る過失があったとして稲作の被害についてはその半額を限度で請求を認容し（過失相殺），井戸堀負担金についてはその金額確定日を遅くとも昭和37年5月25日と認定して，その翌日から損害金の支払いを認められるとして，その限度で被控訴人の請求を認容した。

　上告審は「共同行為者各自の行為が客観的に関連し共同して違法に損害を加えた場合において，各自の行為がそれぞれ独立に不法行為の要件を備えるときは，各自が右違法な加害行為と相当因果関係にある損害についてその賠償の責に任ずべきであり，この理は，本件のごとき流水汚染により惹起された損害の賠償についても，同様であると解するのが相当である。これを本件についていえば，原判示の本件工場廃水を山王川に放出した上告人は，右廃水放出により惹起された損害のうち，右廃水放出と相当因果関係の範囲内にある全損害について，その賠償の責に任ずべきである。」（判決理由）と判示して，Yの上告を棄却した。

　上告審の理由は原審の判断を維持したことは明らかであるが，本件では，第1，2審において共同不法行為の主張は見られず，上告理由において他原因を指摘してYの責任を争ったにすぎないので，共同不法行為に関する判示は傍論に過ぎず，主論は不法行為者は他に原因が競合することを理由に責任を免れることができない，という趣旨の部分であると解される[注1]。

　本件は国家賠償法2条及び民法709条による損害賠償請求であり，選択的請求の事例である。請求原因としては営造物に設置又は管理の瑕疵があったこと及びYの過失が主張されており，それ

162

ら事実の主張・立証責任はいずれもXらにある。

請求原因(3)の認否の後段部分は「積極否認」と呼ばれるもので，否認の内容を具体的に主張している。

Xらは付帯請求の起算日を本件訴状送達の日の翌日として請求している。不法行為の遅延損害金は不法行為の時から請求できると解するのが判例・通説であるが[注2]，処分権主義及び弁論主義のもとでは請求がなければ裁判所は請求以上の認容はできず，申立の範囲に限り判断することができるに過ぎないので本件訴状送達の日の翌日としたものと解される。ただし，第2審は少なくとも井戸掘費用分担金については現実にその費用負担が確定しかつ支払いが完了したと認められる日の翌日を遅延損害金の起算日としている。井戸掘費用につき費用負担の確定及び支払という事情が介在することから公平の観念上損害項目として特別扱いしたものと解される。

さらに，第2審の理由中の過失相殺に関する判断についてふれなければならない。第2審が引用する第1審における事実主張をみると当事者の主張として（多分，実際には被告の主張となろう）過失相殺と解される事実主張がない。それゆえ，主張がないのに過失相殺による判断をなしうるかという問題について検討を迫られることになる。この点について従来民法722条2項が裁判所の裁量に任せているとして職権で斟酌しうると解する見解もあるが，これを否定し，民事訴訟の弁論主義の建前から当事者の主張なしには斟酌できないとする見解もある。筆者は後者の見解が正しいと考えるがこの点につき問題提起するにとどめたい[注3]。

本件は原告側の通常共同訴訟である。

第 3 債　権

(注 1)　拙著・判例による法の形成（平 8 ）14 頁
(注 2)　加藤一郎・不法行為（増補版・昭 49）219 頁，加藤一郎（編）・注釈民法⒆（昭 42）62 頁（篠原弘志執筆）参照
(注 3)　前掲注釈民法⒆ 369 頁（澤井裕執筆），四宮和夫・不法行為（昭 62）623 頁参照

(参照) 判解民 [52]

第4　家族法

1　内縁夫婦の一方の死亡と住居不動産の利用関係

[25]　最判(1小)平成10年2月26日民集52巻1号255頁
（福岡地大牟田支判平成4年12月25日，福岡高判平成6年6月30日）

□不当利得返還請求事件□

（判決要旨）

　内縁の夫婦がその共有する不動産を居住又は共同事業のために共同で使用してきたときは，特段の事情のない限り，両者の間において，その一方が死亡した後は他方が右不動産を単独で使用する旨の合意が成立していたものと推認される。

[最判に基づく簡易訴訟メモ]

X（被控訴人・控訴人・被上告人）
Y（控訴人・被控訴人・上告人）

（請求の趣旨）

　○○円を支払え。

（請求原因）

　(1)　本件不動産はXとYとの持分2分の1の共有である。
　(2)　Yが単独で使用収益している。
　(3)　それにより請求の趣旨記載の金額を利得している。

（請求原因に対する認否）　認める。

(抗　弁)

　Yは本件不動産の共有者であり，単独で使用しているに過ぎない。

　Yは本件不動産のXの持分につき使用借権を有する

(抗弁に対する認否)　争う

［新様式判決訴訟メモ］

X（被控訴人・控訴人・被上告人）

Y（控訴人・被控訴人・上告人）

(請求の趣旨)

　YはXに対し，1615万円及びうち229万5000円に対する昭和62年5月1日から，うち235万2164円に対する同63年5月1日から，うち241万4739円に対する平成元年5月1日から，うち251万7535円に対する同2年5月1日から，うち263万175円に対する同3年5月1日から，うち263万175円に対する平成4年5月1日から，うち131万5080円に対する平成4年11月1日から各支払い済みまで年5分の割合による金員を支払え。

(請求原因)

　(1)　亡Aが昭和57年9月1日に死亡したが，その後X及びYが本件不動産を持分2分の1として共有している。YはA死亡後これを使用収益してきた。

　(2)　Yは本件不動産の使用収益により請求の趣旨記載のとおりの金額を不当に利得している。

(請求原因の認否)　請求原因(1)は認め，同(2)は否認する。

(抗　弁)
　Yは本件不動産をYの持分としての使用権限に基づき使用している。
　Yは本件不動産のXの持分につき使用借権を有する。
(抗弁の認否)　否認する。

　第１審は，Xが適正賃料額を高く評価する鑑定に基づいて請求しているが，これを低く評価する鑑定が合理的であり，かつ平成３年３月に３戸の建物のうち１戸の建物を明けて以後使用していない点を考慮して得た金額の半額を不当利得として返還を認めた。

　第２審は，第１審の判断のうち一部不使用部分があることを考慮しているがその建物を明けたことはXにとって使用できない点に変わりがないのでこれを考慮して差し引くべきでなく，その限りで変更すべきであるとして，その点の減額をしないで不当利得の返還を認めた。

　上告審は，「内縁の夫婦がその共有する不動産を居住又は共同事業のために共同で使用してきたときは，特段の事情のない限り，両者の間において，その一方が死亡した後は他方が右不動産を単独で使用する旨の合意が成立していたものと推認するのが相当である。けだし，右のような両者の関係及び共有不動産の使用状況からすると，一方が死亡した場合に残された内縁の配偶者に共有不動産の全面的な使用権を与えて従前と同一の目的，態様の不動産の無償使用を継続させることが両者の通常の意思に合致するといえるからである。」(判決理由) と判示して，このことは，内縁関係にあったXとAについて妥当すると解され，特段の事情のな

い限り，右両名の間において，その一方が死亡した後は他方が本件不動産を単独で使用する旨の合意が成立していたものと推認するのが相当であるとして，審理不尽として差し戻した。

注目すべきは，上告審判決の記載の中に原審の確定した事実に加えて「記録によれば」として「事実関係の概要」を述べている。すなわち原審の認定した事実に加えて記録により認められる主張関係を含めている。その中には，第1，2審の判決には主張として明白には記載がなく，「事案の概要」欄で既に確定した前訴判決の内容を記載する際に述べているに過ぎない事実に当たる，YとAとの内縁関係のこと，本件不動産が共同の生活，事業に使用されたということが含まれている。上告審判決の前提である内縁関係の存在はその認定事実に含まれていると解したものと解される。

(参照) 判解民 [5]，時の判例 II 私法(1) [民 35]

2 遺言の解釈

[26] 最判(2小)平成3年4月19日民集45巻4号477頁
(東京地判昭和62年11月18日，東京高判昭和63年7月11日)
□土地所有権移転登記手続請求事件□
(判決要旨)
(1) 特定の遺産を特定の相続人に「相続させる」趣旨の遺言は，遺言書の記載から，その趣旨が遺贈であることが明らかであるか又は遺贈と解すべき特段の事情のない限り，

要件事実論序説―「訴訟メモ」のすすめ

当該遺産を当該相続人をして単独で相続させる遺産分割の方法が指定されたものと解すべきである。

(2) 特定の遺産を特定の相続人に「相続させる」趣旨の遺言があった場合には，当該遺産において相続による承継を当該相続人の意思表示にかからせたなどの特段の事情のない限り，何らの行為を要せずして，当該遺産は，被相続人の死亡の時に直ちに相続により承継される。

━━━━━━━━━━[標準訴訟メモ]━━━━━━━━━━

X_1（控訴人・被控訴人・被上告人）

X_2（被控訴人）

X_3（控訴人・被控訴人）

Y_1（被控訴人・控訴人）

Y_2（被控訴人・控訴人・上告人）

（※上告審の当事者はX_1とY_2である。）

（請求の趣旨）

(1) X_1が本件①〜⑥土地につき所有権を有することを確認する。

(2) X_2が本件⑦土地につき所有権を有することを確認する。

(3) X_3が本件⑧土地につき4分の1をこえて2分の1の共有持分権を有することを確認する。

（請求原因）

(1) Y_1はAの夫，Y_2はAの長女，X_1はAの次女，X_2はX_1の夫であり，X_3はAの三女である。Y_1は昭和62年7月6日禁治産宣告を受け，後見人として弁護士Mが就

第 4 　家 族 法

職した。

(2)　Aは昭和61年4月3日に死亡した。

(3)　Aは本件①②土地につき昭和46年7月13日前所有者Bより，本件③〜⑥土地につき昭和41年4月20日前所有者Cより，本件⑦土地につき昭和49年1月24日前所有者Dより，本件⑧土地の共有持分権4分の1につき昭和47年12月6日前所有者Eより，それぞれ買い受けた。

(4)　Aは次の遺言をした。

(イ)　昭和58年2月11日付自筆証書遺言：本件③〜⑥土地をX_1に相続させる。

(ロ)　同年同月19日付自筆証書遺言：本件①②土地をX_1に相続させる。

(ハ)　同59年7月1日付自筆証書遺言：本件⑦土地をX_2に遺贈する。

(ニ)　同日付自筆証書遺言：本件⑧土地4分の1の持分をX_3に相続させる。

(5)　これら遺言は昭和61年6月23日東京家庭裁判所において検認された。

(6)　X_3は本件⑧土地につきAの前記持分とは別に4分の1の持分を有していた。

(7)　X_1は主位的に遺贈，予備的に相続に基づき本件①〜⑥土地につき所有権を有することの確認を求め，X_2は本件⑦土地につき遺贈により所有権を有することの確認を求め，X_3は主位的に遺贈，予備的に相続に基づき本件⑧土地につき4分の1をこえて2分の1持分につき共有持分

要件事実論序説—「訴訟メモ」のすすめ

を有することの確認を求める。
(請求原因の認否)
(Y₁)

　⑴, ⑵の事実は認める。⑶ないし⑹の事実は不知, ⑺の主張は争う。

(Y₂)

　⑴, ⑵の事実は認める。⑶の事実中, 本件①②土地がもとBの所有であったことが認めるが, その余の事実は否認する。本件③～⑥土地がもとCの所有であったことが認めるが, その余の事実は否認する。本件⑦土地がもとDの所有であったことを認めるが, その余の事実は不知。本件⑧土地4分の1がもとEの所有であったことは認めるが, その余の事実は不知。これらの土地はすべて右各前主からY₁が買い受けたものである。⑷の事実は不知。仮にその主張のとおりなされたとしても, X₁らが甘言を弄してAを巧みにあやつって作成させたもので, Aの真意に基づくものではない。⑸, ⑹の事実は認める。⑺の主張は争う。

　第1審は, 請求原因⑴ないし⑹の事実を認定したうえ, X₂に対する遺言を遺贈と解すべきであるが, 他の相続人に対する本件のような記載の遺言は遺産分割方法の指定と解するのが相当であるとして, 遺産相続は本件では未だ行われていないことを理由に, 法定相続分に従った判断, すなわち, X₁は本件①ないし⑥土地について6分の1の共有持分権, X₃は本件⑧土地につき24分の7の共有持分権の確認を求める限度で理由があり, X₁, X₃の

171

その余の請求を棄却する旨並びにX₂が⑦土地につき所有権を有することを確認する旨の判断をした。

　第2審は、請求原因(1)ないし(3)、(5)、(6)の事実を認め、同(4)記載のとおりAが遺言を作成したことを認める。そのうえで、その遺言の趣旨について検討して、本件③ないし⑥土地については遺言書の記載の趣旨が必ずしも明確でないが、X₁、X₂夫婦に共有持分権を与える趣旨であり、X₂に対しては遺贈、X₁に対しては遺産分割の方法の指定と解されるとし、その他の物件については、遺言書記載にしたがって、X₁、X₃について、遺産分割方法の指定と解し、X₂に対しては、この点でも遺贈であると解する。そのうえ、X₁及びX₃は本訴提起において具体的に物件を特定して遺産分割の意思を表示しているので、それを前提としてX₁は本件①、②土地についての所有権の確認、本件③ないし⑥土地については2分の1の共有権の確認、X₃は本件⑧土地につき4分の1をこえ2分の1の共有権の確認を求める限度で理由があるが、X₁のその余の請求（本件③ないし⑥土地についての2分の1の共有権確認）は理由がないと判断し、X₂については第1審のとおりとした。

　上告審は、Y₂がX₁に対して上告したので、その関係における判断の中で、右遺言の解釈につき、前記の判決要旨のとおり判示して、上告を棄却した。

　本件事案においては、請求は所有権ないしは共有持分権の確認請求であり、その請求原因としては相続の場合であるから被相続人が当該物件の所有者であったこと（その前主からの所有権取得）の主張、遺言があったことの主張があり、遺言の内容及びその解

釈により各原告が当該物件の所有権ないしは共有持分権を承継したことになるか否かが争点となった。

遺言の「相続させる」という表現につきこれを遺贈の趣旨と解するか、遺産分割の方法の定めと解するかどうか、それが遺産分割の方法の定めと解するとして、遺産分割の協議がなくても、相続開始時にその分割の効力が生じたと解することができるか、ということが争われた。

なお、本件では遺言が真意に出でたものでないという主張がなされているが、この点は請求原因に対する積極否認として整理されていて、心裡留保などの抗弁として位置付けられてはいない。

「相続させる」趣旨の遺言の解釈につき判例の見解によれば、本件は遺産の帰属ではなく、遺産に属していた財産の所有権帰属の問題が争われた事件であるから、通常共同訴訟の事案であると解すべきであろう[注1]。

本件を民法解釈論上の問題としてみるとき、遺言の「相続させる」という表現をどのように解するか、という学説及び下級審裁判例上の問題があり、本件最高裁判例はその論点に対する最初の判断である。この問題は本件判例が判断したが、これによって必ずしも確定したとは言えずなお種々の論争が予想される[注2]。

その後判例の展開が見られる。

最判(1小)平成3年9月12日判タ796号81頁も本件判例と同旨の判示をしている。

最判(3小)平成7年1月24日裁集民174号67頁、判時1523号81頁、判タ874号130頁は、同様の「相続させる」旨の遺言で指定された相続人の一人が、共同相続人全員名義に登記された

ことにより弁護士費用等の損害を受けたとして遺言執行者に対して不法行為に基づく損害賠償請求をした事案につき，指定を受けた相続人は単独でその旨の所有権移転登記手続をすることができるので，遺言執行者は，遺言の執行として右登記手続をする義務を負うものではない，と判示する。

最判（1小）平成11年12月16日民集53巻9号1989頁は，「特定の不動産を特定の相続人甲に相続させる趣旨の遺言がされた場合において，他の相続人が相続開始後に当該不動産につき被相続人から自己への所有権移転登記を経由しているときは，遺言執行者は，右所有権移転登記の抹消登記手続のほか，甲への真正な登記名義の回復を原因とする所有権移転登記手続を求めることができる。」（判決要旨）と判示して，本件判例及び前掲最判（3小）平成7年1月24日の判断を前提としながら，遺言執行者の権限を肯定した。

なお，遺言の文言の解釈には関しないが，上告審の判断の範囲に関する事例を参考までに掲げておきたい。

前掲最判（1小）平成11年12月16日の判決理由中に「記録によって認められる本件訴訟の概要」が記載されており，それに続いて遺言執行者の当事者適格につき判示されている。また，同様に遺言に関する最判（2小）平成10年2月27日民集52巻1号299頁は職権により遺言執行者である上告人の被告適格について検討された例である。これらの事実は職権調査事項であるので上告審は上告理由にも原判決が確定した事実にも拘束されない（民訴法322条）。

(注1) 小室直人ほか（編）・新民事訴訟法1（第2版・平15）101頁，秋山幹男ほか・コンメンタール民事訴訟法Ⅰ（平14）378頁，上田徹一郎・民事訴訟法（第2版・平11）510頁参照。固有必要的共同訴訟の例として，最判(3小)平成1年3月28日民集43巻3号167頁がある。

(注2) 泉久雄「最判(2小)平3.4.19判批」家族法判百（第5版）（平7）148頁参照。さらに，倉田卓次「東京高判昭和60.8.27判評」家裁月報38巻8号（昭61）123頁はこの点に関して公証事務にも立ち入って種々な観点から考察されている。

（参照）判解民 [12]，家族判百（第6版）[87]，時の判例Ⅱ私法(1)[民117]

第3章　民事訴訟法

1　確認の利益

[27]　最判（1小）平成11年1月21日民集53巻1号1頁

（東京地判平成6年9月9日，東京高判平成7年3月29日）

□債権確認請求事件□

（判決要旨）

建物賃貸借契約の継続中に賃借人が賃貸人に対し敷金返還請求権の存在確認を求める訴えは，その内容が右賃貸借契約終了後建物の明渡しがされた時においてそれまでに生じた敷金の被担保債権を控除しなお残額があることを条件とする権利の確認を求めるものであり，賃貸人が賃借人の敷金交付の事実を争って敷金返還義務を負わないと主張しているときは，確認の利益がある。

[最判に基づく簡易訴訟メモ]

X（控訴人・被上告人）　　　　Y（被控訴人・上告人）

（請求の趣旨）

XがYに対し建物賃貸借契約に基づき敷金返還請求権を有することを確認する。

（請求原因）

(1)　XはAから本件建物を借り受けた。
(2)　XはAに保証金の名称で敷金を交付した。

(3)　YはAから本件建物の賃貸人の地位を承継した。

(4)　Yは敷金交付を否認する。

(請求原因の認否)

(1), (3), (4)は認め，同(2)を否認する。

[新様式判決訴訟メモ]

X（控訴人・被上告人）　　　　Y（被控訴人・上告人）

(請求の趣旨)

　XがYに対し本件建物に関する賃貸借に基づき金320万円の保証金返還請求権を有することを確認する。

(請求原因)

(1)　Xは昭和56年3月9日Aから本件建物を賃料月額10万円，期間は3年とする約定で借り受けた。

(2)　XはAに保証金として400万円を交付したが，契約終了時2割を償却した320万円を返還することを約した。

(3)　Yは昭和57年2月2日Aから本件建物所有権を取得し，賃貸借契約上の地位を承継した。

(Xの主張・確認の利益)

(第1審) Yは本件保証金差入れの事実を否定し，また，その事実が認められたとしても被告に返還義務はないと主張している。

(第2審) Xが本件で求めている請求は，Yが保証金返還義務そのもの（その金額ではなく）を否定して争うので，その基本的な権利義務関係の確認を求めるものである

(Yの主張・確認の利益)

要件事実論序説―「訴訟メモ」のすすめ

> （第1審）Xが確認を求めている権利は、将来、本件賃貸借契約が終了したときにその存否が確定する保証金の返還請求権で、その時期や金額は現時点においては全く未確定のものである。
> （第2審）YがAから保証金返還義務を承継したこと自体を争うものである。

第1審は確認の利益がないとして訴えを却下した。

「本件においては、現在も本件賃貸借契約が継続中で、原告と被告との間で賃料増額に関する調停が係属していることは原告も自認しているところであって、原告が確認を求めている保証金返還請求権なるものは未だその具体的な内容が確定していない抽象的な権利にすぎず、このような権利の存在を確認してみたところで保証金の返還を巡る紛争の終局的解決とならないことは明らかである。したがって、右請求権の確認を求める本件請求に係る訴えは、法的紛争としては未成熟なものを確認訴訟の対象とするものであり、即時確定の利益を欠く不適法な訴えといわなければならない。」

第2審は確認の利益があるとして、事件を原審に差し戻した。

第1審において控訴人（原告）が請求原因において請求の趣旨を特定していたが、「その趣旨が、補償金返還義務の承継を争う被控訴人との間で、承継により生じた基本的法律関係である保証金返還義務があること（その具体的金額はともかく）の確認を求めようとするにあることは、その主張に照らして、僅かな釈明により容易に明らかにさせることができたものといえる。」と述べ、

179

さらに,「賃貸借契約の目的物について譲渡等所有権の移転があったときは,原則として賃貸人の地位は新たな所有者が承継すると解すべきものであるが,その際に賃貸人である旧所有者と賃借人との間の契約に基づき発生した債権債務の基本的な法律関係の存否自体に争いがあるのに,これに基づく現在の給付の具体的な金額が確定していないという理由だけで基本的な法律関係そのものの確認の訴えが許されないとすると,賃借人としては,賃貸借が終了するまで不安定な法律関係の下に置かれることとなり,これでは将来実際に紛争が発生し,具体的な給付請求権の存否が争われたときには証拠が散逸し,訴訟における立証に支障が生ずることも考えられることからいっても,極めて不合理である。本件では,控訴人は,本件建物の前所有者Aとの賃貸借契約に付随して賃貸借契約に基づく債務を担保する目的で400万円を差し入れたと主張するのに対して,被控訴人はその事実自体を争って保証金の返還義務を否定しているのである。返還請求権の具体的な内容(金額)は,契約終了時でなければ確定しないことは原判決のいうとおりであるけれども,控訴人がその間にどの程度賃料不払いをするかわからないとか,その他控訴人がいかなる債務を負担することになるのかわからないということは,本件で争われているわけではなく,その前提となる基本的な法律関係である被控訴人の保証金返還義務の存否自体が争われているのであるから,控訴人にとってこの点の争いを確定しておく必要があり,その利益も当然是認して差支えないし,これを確定しておくことは賃貸人である被控訴人にとっても有益なはずであり,被控訴人の応訴の負担をいうのはあたらない。」(数字を横書き半角とし,固有名詞を

要件事実論序説―「訴訟メモ」のすすめ

符号化した）と述べた。

上告審は第2審の判断を是認する。

「建物賃貸借における敷金返還請求権は，賃貸借終了後，建物明渡しがされた時において，それまでに生じた敷金の被担保債権一切を控除しなお残額があることを条件として，その残額につき発生するものであって（最判（2小）昭和48年2月2日民集27巻1号80頁），賃貸借契約終了前においても，このような条件付きの権利として存在するものということができるところ，本件の確認の対象は，このような条件付きの権利であると解されるから，現在の権利又は法律関係であるということができ，確認の対象としての適格に欠けるところはないというべきである。また，本件では，上告人は，被上告人の主張する敷金交付の事実を争って，敷金の返還義務を負わないと主張しているのであるから，被上告人・上告人間で右のような条件付きの権利の存否を確定すれば，被上告人の法律上の地位に現に生じている不安ないし危険は除去されるといえるのであって，本件訴えには即時確定の利益があるということができる。」（判決理由）（引用判決の表示を修正した）。

要件事実との関連でいえば，Xは請求原因(1)ないし(3)において敷金返還請求権の発生，移転に関する要件事実を主張している。しかし，直ちに，訴えの利益の有無が争点となっている。本件はこの訴えの利益に関する当事者の主張及び裁判所の対応の事例として紹介したい。

訴えの利益は職権調査事項であると解せられる。職権調査においては課題設定は裁判所が行うがそれに関する事実主張，立証は

第3章　民事訴訟法

双方当事者の責任となる。したがって，この線にそって主張事実を整理し，それに対する各審級の裁判所の論理を紹介した。

なお，控訴審判決の理由中に釈明の必要性が説示されている点に注目したい。控訴審によると第1審は釈明義務に違反するというのである。上告審は控訴審（原審）の判断を是認するので，本件では釈明義務違反が原審において認められるときの上告審の判断の論理は見られないが，上告審が原審の釈明義務違反を認めたときは職権により判断すべきである。これらに関する適条につき民訴法149条，312条3項，318条，325条2項参照。

なお，第1審判決は新様式判決である。

（参照）判解民 [1]，民訴法判百（第3版）[34]，中野入門ケース3

2　共同訴訟

[28]　最判（1小）昭和43年9月12日民集22巻9号1896頁

（名古屋地判昭和41年3月17日，名古屋高判昭和42年4月27日）

□建物収去土地明渡請求事件□

（判決要旨）

通常の共同訴訟においては，共同訴訟人間に共通の利害関係があるときでも，補助参加の申出をしないかぎり，当然には補助参加をしたと同一の効果を生ずるものではない。

------［標準訴訟メモ］------

X（控訴人・上告人）　　　$Y_1 \sim Y_6$（被控訴人・被上告人）

（請求の趣旨）

182

要件事実論序説―「訴訟メモ」のすすめ

Xに対し,

(1) Y₁は○○所在宅地354坪のうち東半分177坪（本件土地）を同地上所在各建物を収去して明渡し，389万9400円及び昭和41年1月17日以降明渡済みまで1ヶ月8万9385円の割合による金員の支払え。

(2) Y₁，Y₂は①②⑥，Y₃は③⑥，Y₄は④⑥，Y₅は⑤⑥の各建物から退去し，各建物敷地を明渡せ。

(3) Y₆は127万4400円を支払え。

(請求原因)

(1) X及び訴外A，Bは○○所在宅地354坪を共有している。

(2) Y₆は(1)記載の土地のうち本件土地上に建物を所有していたが，昭和37年1月27日調停によりY₁にその所有権を移転し，以後本件土地を占有している。さらに，Y₁，Y₂は①②⑥，Y₃は③⑥，Y₄は④⑥，Y₅は⑤⑥の各建物を占有して，その敷地を占有している。

(3) 本件土地の適正賃料額は，昭和34年1月16日以降同37年1月26日までの間につき127万4400円であり，同37年1月27日以降同41年1月16日までの間につき389万9400円であり，同41年1月17日現在の月額は8万9385円である。

(Y₆以外のYらの請求原因に対する認否)

(1), (2)は認め，(3)は否認

(Y₆以外のYらの抗弁)

(1) Y₂は本件土地をXの先代から賃借りし，昭和33年

183

第 3 章　民事訴訟法

11 月 28 日にこれを更新し，昭和 34 年 6 月上旬に賃借権を Y_2 から Y_1 へ譲渡することにつき，賃料を月額 7280 円とすることにして原告の承諾を得た。以後今日まで，Y_1 は X に対し賃料を支払ってきた。

(2)　仮に，Y_1 が賃借りしていないとしても，Y_1 は X に対しその間の事情は一切を告知し，X も Y_1 に対して協力的であったのに，本訴を提起することは権利の濫用である。
(抗弁の認否)　(1)は認め，(2)は否認。
(再抗弁)

昭和 33 年 12 月 13 日 Y_2 所有の本件各建物が Y_6 によって競落されたのち，Y_6 から Y_2 に対して右建物明渡の請求がなされていたところ，X と Y_1 は昭和 35 年 7 月 7 日次のような契約をした。

(a)　本件建物明渡事件解決後は直ちに本件土地の売却手続をなし，売却した際には，X は土地代金の 2 割を Y_1 に交付する。

(b)　右事件の解決が 1 年半を経過しても売却に至らないときは，Y_1 は本件土地上の建物全部収去して本件土地を明け渡す。

(c)　本件土地の売却に至るまで，Y_1 は X に対し，月額 7280 円を毎月末日限り支払う。

すでに右期間は経過した。
(Y_6 以外の再抗弁に対する認否)
主張内容の契約を締結したことは認める。
(Y_6 以外の再々抗弁)

要件事実論序説―「訴訟メモ」のすすめ

　しかし，右契約は当時係属していたY₆に対する訴訟上の牽制のため締結したに過ぎず，双方の真意に基づくものではない。

（再々抗弁に対する認否）否認する。

（Y₆は第1審において次の抗弁を述べたが，第2審においては欠席し，何らの書面も提出しなかった。）

（Y₆抗弁）

　Y₆は昭和36年12月23日の名古屋地方裁判所の調停期日においてXの説得により本件建物を200万円でY₁に売り渡すことを承諾し，その際にXは売り戻し1年半後本件土地を他へ売却してその中から50万円をY₁に交付する旨言明したのであり，その後この態度を豹変させて本件請求に及んだのは，著しく信義に反する。

（Y₆抗弁の認否）否認

(第1審) 請求棄却

(第2審) 控訴棄却

　理由の要点は次のとおりである。

(1)　Y₆以外のYらに対する関係

　再抗弁主張のXとY₁との間で昭和35年7月7日の契約が成立したことは認めるが，その解釈上，不確定期限の到来したことにつきXにおいて何ら主張しないところであるから，その賃貸借契約はなお存続しているものというべきであるとしてXの請求を棄却した。

(2)　Y₆は占有権限及び不法占有による損害填補の主張，立証

185

をなさないが，共同訴訟人であるY₁及びY₂が右不法占有期間中の賃料支払の主張をしているから，その主張はY₆についてもその効力を及ぼすものと解するを相当とする（いわゆる共同訴訟人間の補助参加関係）として，Xに損害がないとの事実認定をした。
（上告審）

第2審(1)記載の契約に関して，明渡条項を含む契約の趣旨などにつき具体的に指摘して「その認定に係る契約の趣旨についての解釈を誤った結果，被上告人Y₁の上告人に対する賃借権を肯認し，たやすく上告人の請求を排斥した違法があることに帰する……」（固有名詞を符号化した）として破棄した。

第2審(2)記載の共同訴訟人間の補助参加関係について（要旨），「通常の共同訴訟においては，共同訴訟人の一人のする訴訟行為は他の共同訴訟人のため効力を生じないのであつて，たとえ共同訴訟人間に共通の利害関係が存するときでも同様である。したがつて，共同訴訟人が相互に補助しようとするときは，補助参加の申出をすることを要するのである。もしなんらかかる申出をしないのにかかわらず，共同訴訟人とその相手方との間の関係から見て，その共同訴訟人の訴訟行為が，他の共同訴訟人のため当然に補助参加がされたと同一の効果を認めるものとするときは，果していかなる関係があるときこのような効果を認めるかに関して明確な基準を欠き，徒らに訴訟を混乱せしめることなきを保しえない。」（判決理由）と判示して，この部分についても破棄し，事件を原審に差し戻した。

第1点の契約の解釈の点は「要旨」とはなっていないが，事実

要件事実論序説―「訴訟メモ」のすすめ

認定の方法という点からも興味ある事例であるといえよう。

原審（第2審）判決のこの部分の理由と，上告審判決の具体的な指摘を対比して検討して欲しい。経験則の適用はいうまでもなく，当事者の微妙な主張にも細心の注意を払うべきことを学習できるであろう。

第2点は本件判旨に関する。本件は原告1名，被告は6名の通常共同訴訟である。被告のうち1名が利害関係において他の被告と異なり，第1審では出頭したが，第2審では不出頭となった者がおりその主張が不十分であったため，判旨の問題が生じたのである。この点については，学説上異論があり，一部の共同訴訟人の主張が直接他の共同訴訟人に影響を及ぼすような事項については，一部の共同訴訟人の主張があれば，その余の共同訴訟人の主張がなくともその者のためにこれを斟酌すべきであるという見解があり[注1]，さらにこの主張共通を原則的に肯定すべきであるという有力な見解もあり[注2]，なお検討すべき論点である。

例えば，被告1が否認して争うのに，被告2が何ら陳述しないままであるときに，共同訴訟人独立の原則によるとき，被告2は原告の主張を認めたこととなり，被告1は勝訴し，被告2は敗訴するという結果となる。しかし，現実の訴訟では，被告2が出頭したが弁論を怠る場合には裁判所による法廷における求釈明が可能であるし，求釈明に応じないときはそのままその結果を是認しても不当ともいえないであろう。不出頭の場合にはそのこと自体で自らその不利益を覚悟しているものと解することができるので同様に解しても不当とはいえないであろう。

なお，判旨にはないが，本件は原告が共有者の一人として保存

行為に属する共有物の妨害排除請求の訴えを提起した事案である点に注目されたい。原告1名，被告6名の通常共同訴訟である。

(注1) 条解民事訴訟法(2)（第2版・平3）150頁（小室直人・東孝行），中島弘道・日本民事訴訟法下（昭9）1199頁，細野長良・民事訴訟法要義Ⅱ（昭12・13版）138頁，福井地判昭28・7・31下民集4巻7号1067頁。例えば，主たる債務者と保証人とが共同被告となっている場合，主たる債務者の相殺の抗弁が提出され，それが認められれば，保証人については，その抗弁を主張していなくても，証拠を要せずその有利な判決をすることができる，と主張する。

(注2) 新堂幸司「共同訴訟人の孤立化に対する反省」訴訟物と争点効（下）（平3）33頁所収，同・新民事訴訟法（第3版・平16）720頁。なお，坂原正夫「最判昭和43年9月12日判例解説」民訴判百Ⅱ（新法対応補正版・平10）356頁，堀野出「同判例解説」民訴判百（第3版・平15）206頁参照

(参照) 判解民[72]，民訴法判百（第3版）[101]，中野入門ケース8

3 弁論主義

[29] 最判（1小）昭和55年2月7日民集34巻2号123頁
（名古屋地豊橋支判昭48年10月30日，名古屋高判昭和52年7月19日）

□遺留分減殺請求事件□

（判決要旨）

　原告らが，係争不動産は原告らの被相続人乙が甲から買い受け乙の死亡によって原告らが共同相続したものである

要件事実論序説―「訴訟メモ」のすすめ

と主張して，右不動産の所有者名義人である被告に対し，共有持分権に基づき各持分に応ずる所有権移転登記手続を求め，これに対し被告が，右不動産は被告の夫丙が甲から買い受けたものであり丙の死亡によって被告がそれを相続取得したものであると主張したにとどまる場合において，裁判所が，右不動産は乙が甲から買い受けたのち丙に死因贈与したものであるとの事実を認定し，原告らの請求を排斥するのは，弁論主義に違反する。

―――[最判に基づく簡易訴訟メモ]―――

X_1 （控訴人・上告人）　　Y （被控訴人・被上告人）
X_2 （同）
X_3 （同）

(請求の趣旨)

YはXらに対し本件土地につき各持分5分の1の所有権移転登記手続をせよ。

(請求原因)

(1) Aは昭和28年7月31日Bから本件土地を買い受けた。

(2) Aは同34年5月26日死亡したため，その子であるXら，M及びCは本件土地を各5分の1宛相続した。

(3) Yは本件土地につき単独の所有権移転登記を経ている。

(請求原因の認否)

請求原因中，(1)の事実は否認する。本件土地は昭和28年7月31日にCがBから買い受けたものであり，Cの死

189

第3章　民事訴訟法

亡によりＹが相続した。その余の事実は認める。

────［標準訴訟メモ］────

Ｘ₁（控訴人・上告人）　　　Ｙ（被控訴人・被上告人）
Ｘ₂（同）
Ｘ₃（同）
(請求の趣旨)

　ＹはＸらに対し本件土地につき各持分5分の1の所有権移転登記手続をせよ。

(請求原因)

(1)　Ｘら及びＹの夫(Ｃ)並びにＭはＡの子であり，Ａは昭和34年5月26日に死亡し，その後Ｃが昭和39年9月6日に死亡し，ＹはＣを相続した。

(2)　Ａは昭和23年ころＢから本件地を買い受けたが，第三者が地上家屋に居住していたのと，税金対策上の便宜からＣの名義をもって昭和28年7月31日売買を原因とする所有権移転登記を経由した。

(3)　本件土地はＡの相続財産に属し，ＸらとＭ及びＣの相続人Ｙが各持分5分の1の共有持分を有するものである。

(4)　Ｙは本件土地につき単独所有名義を有する。

(請求原因の認否)

　(1)(4)は認める。(2)のうち本件土地につきＢからＣに所有権移転登記がなされたことは認めるが，その余の事実は否認する。本件土地はＣが買い受け，Ｃの死亡によりＹが相

要件事実論序説―「訴訟メモ」のすすめ

> 続したものである。仮に本件土地の代金の一部又は大部分がAにより出捐されたとしてもそれはCがAからその金銭を贈与されたものである。(3)は否認する。

　本件は第2審において請求の交換的な変更があり，Yにおいて異議なくかつ請求の基礎を一にするから許されるものであるため第1審判決は当然失効するものと解された。なお，第1審判決のMに対する部分については控訴がない。前記訴訟メモは第2審判決の事実らんによる。

　第2審は，Aは本件土地につきBからCに所有権移転登記がなされた頃には未だCに所有権を帰属せしめる意思を有しなかったけれども，その後CがAの事業の手伝いをするようになり，遅くともAはその死亡時には本件土地がCに属することにつき承認していたという事実を認定して，Cは死因贈与により本件土地の所有権を取得したと認定し，Xらの新請求を棄却した。

　上告審は「相続による特定財産の取得を主張する者は，(1)被相続人の右財産所有が争われているときは同人が生前その財産の所有権を取得した事実及び　(2)自己が被相続人の死亡により同人の遺産を相続した事実の二つを主張立証すれば足り，(1)の事実が肯認される以上，その後被相続人の死亡時まで同人につき右財産の所有権喪失の原因となるような事実はなかつたこと，及び被相続人の特段の処分行為により右財産が相続財産の範囲から逸出した事実もなかつたことまで主張立証する責任はなく，これら後者の事実は，いずれも右相続人による財産の承継取得を争う者において抗弁としてこれを主張立証すべきものである。これを本件につ

191

第3章　民事訴訟法

いてみると、上告人らにおいて、AがBから本件土地を買い受けてその所有権を取得し、Aの死亡により上告人らがAの相続人としてこれを共同相続したと主張したのに対し、被上告人は、前記のとおり、右上告人らの所有権取得を争う理由としては、単に右土地を買い受けたのはAではなくCであると主張するにとどまつているのであるから（このような主張は、Aの所有権取得の主張事実に対する積極否認にすぎない。）、原審が証拠調の結果Bから本件土地を買い受けてその所有権を取得したのはAであつてCではないと認定する以上、上告人らがAの相続人としてその遺産を共同相続したことに争いのない本件においては、上告人らの請求は当然認容されてしかるべき筋合である。しかるに、原審は、前記のとおり、被上告人が原審の口頭弁論において抗弁として主張しないCがAから本件土地の死因贈与を受けたとの事実を認定し、したがつて、上告人らは右土地の所有権を相続によつて取得することができないとしてその請求を排斥しているのであつて、右は明らかに弁論主義に違反するものといわなければならない。」（判決理由）（固有名詞を符号化した）として破棄差し戻した。大判昭和11年10月6日民集15巻1771頁は変更すべきものであるとする。

本件においては、要件事実の整理をして訴訟メモを作成してみると、最高裁判決の判旨にいう、弁論主義違反の事実が明白である。

本件最高裁判例については具体的な結論に疑問を呈する批評があるが[注1]、原審の事実欄を精読する限り死因贈与の暗黙の主張があると解する余地はない[注2]。

日頃からこのような訴訟メモの作成に慣れていれば，多忙な際には訴訟メモを脳裏に描くことも可能となる。

本件土地はAの遺産であり，その子ら5名がAを相続し，うち3名が原告，うち1名は訴外，うち1名の相続人の妻は被告であり，共同相続人中の一部である相続人3名がその一部の一名宛に自己の持分に基づいて返還請求権の行使をしている。

本件では原告らは通常共同訴訟と解される。

(注1) 福永有利「最判昭和55年2月7日判例批評」民商85巻3号129頁，小林秀之「同判例解説」昭和55年度重判解143頁等
(注2) 同旨，藤原弘道「同判例解説」民訴判百Ⅰ（新法対応版）192頁

(参照) 判解民[7]，民訴法判百（第3版）[55]，中野入門ケース19

4　申立事項と判決事項

[30]　最判（1小）昭和46年11月25日民集25巻8号1343頁
（京都地判昭和40年1月21日，大阪高判同41年5月31日）

□店舗明渡請求事件□

（判決要旨）

　借家法1条の2に基づく解約を理由として家屋の明渡を求める訴訟において，その正当事由として，右家屋が京都市屈指の繁華街にある店舗でありながら老朽化して建替えを要する等原審認定のような諸事情（原判決理由参照）が

第3章　民事訴訟法

あるほか，家主がその補強条件として300万円もしくはこれと格段の相違のない範囲内で裁判所の決定する額の立退料を支払う旨の意思を表明し，これと引換えに家屋の明渡を求めている場合には，500万円の立退料の支払と引換えに右明渡請求を認容することは相当である。

------［標準訴訟メモ］------

X　（被控訴人・被上告人）　Y　（控訴人・上告人）
（請求の趣旨）
　本件店舗を明け渡せ。
（但し，第1審においては，次のとおりであった。）
（第一次的請求）
　本件店舗を明け渡せ。
　昭和35年1月1日以降36年9月30日まで月2万5000円，同年10月1日から月4万9000円を支払え。
（店舗明渡につき予備的請求）
300万円の支払と引き換えに本件店舗を明け渡せ。
（請求原因）
　(1)　XはYに対して昭和28年8月1日本件店舗を賃貸し，Yは同店舗で果実小売店を営んでいた。
　(2)　XとYは最終的に昭和32年12月31日に期間を2年，賃料を月2万5000円と定めて契約を更新した。
　(3)　XはYに対して昭和34年10月30日付，翌Yに到達の書面をもって賃貸借契約解約の告知をなし，同35年4月30日限り賃貸借契約は解約となった。
　(4)　仮に(3)の主張が認められないとしても，XはYに対

して昭和39年6月11日受付の準備書面により300万円と引き換えに明渡を求め、準備書面は同年6月15日にYに送達された（黙示的な解約申入れ）。（この項は事実審の主張欄に記載がないが筆者が掲げた。後記説明欄第3点参照）。

(5) 本件店舗は昭和3年ころ前所有者Aが当時自転車販売の目的で、いずれ本建築に改築するつもりで仮設的に木造鋼板葺として急造したものであり、既に耐用年数も過ぎ腐朽破損甚だしく、これを修繕すると新築同様の費用を要するから、改築の必要がある。

Xは不動産会社であり、本件店舗は京都市内屈指の繁華街にあり近時地価昂騰し、現在の賃料では採算がとれないので本件店舗の明渡を受けて高層ビルを建築するか、他の不動産と交換して収益を挙げるほかない。

もともと本件店舗は1棟を3つに間仕切りした部屋の中央部であり南部分は既に明渡を受け、北部分は目下明渡の係争中である。XはYに対して代替建物を提供したがYはこれを拒んだ。

本件店舗及びその敷地は自己使用の必要性あり、正当事由がある。

予備的に補強条件として300万円を立退料として支払う。

（請求原因の認否）

(1)及び(2)の事実は認めるが、(3)、(4)及び(5)は争う（(4)については請求原因(4)記載の付加記載参照）。

(5) （正当事由）に関する主張

本件店舗はXの所有ではない。仮にXの所有であるとし

> ても，Xは昂騰した価格で入手したものではないのに約定賃料は昂騰した時価を基準に定めており，Xに不利なものではない。
>
> XはYに対して代替建物を提供したことは認めるが，Yの果実小売商の店舗としては間口が狭すぎるため拒んだものである。
>
> Yとしは十数年に亘って築きあげたしにせがあるから，他に移転することは営業上甚大な損害を被るものであり，300万円の立退料で店舗を確保することは不可能である。
>
> Xはビル建築を口実に店舗を明け渡させて，その敷地を有利に処分しようとするものに外ならなず，正当事由はない。

（第1審）第1次請求を棄却し，第2次請求につき，YはXに対して，Xから300万円受領と引換に本件店舗を明け渡せ，との一部認容

（第2審）請求を第1審における第一次請求に一本化すると解し，その一部認容として，YはXに対して，Xから500万円受領と引換に本件店舗を明け渡せ，との一部認容

（上告審）上告棄却

「原審の確定した諸般の事情のもとにおいては，被上告人が上告人に対して立退料として300万円もしくはこれと格段の相違のない一定の範囲内で裁判所の決定する金員を支払う旨の意思を表明し，かつその支払と引き換えに本件係争店舗の明渡を求めていることをもって，被上告人の右解約申入につき正当事由を具備し

たとする原審の判断は相当である。所論は右金額が過少であるというが，右金員の提供は，それのみで正当事由の根拠となるものではなく，他の諸般の事情と綜合考慮され，相互に補充しあつて正当事由の判断の基礎となるものであるから，解約の申入が金員の提供を伴うことによりはじめて正当事由を有することになるものと判断される場合であつても，右金員が，明渡によつて借家人の被るべき損失のすべてを補償するに足りるものでなければならない理由はないし，また，それがいかにして損失を補償しうるかを具体的に説示しなければならないものでもない。原審が，右の趣旨において500万円と引き換えに本件店舗の明渡請求を認容していることは，原判示に照らして明らかであるから，この点に関する原審の判断は相当であつて，原判決に所論の違法は存しない。」（判決理由）

この事件には多くの民事訴訟法上の問題点が含まれている。

第1に，請求の趣旨に関して，第1審と第2審との意見の対立がある。すなわち第1審裁判所は，まず無条件明渡の請求があり，予備的に，立退料との引換の明渡の請求があると解している。これに対して第2審裁判所は本件請求は無条件明渡の請求のみであり，立退料との引換の明渡の請求はその一部認容となると解する。本件判決当時には未だ平成3年改正前の借家法1条の時代であり，立退料につき明文の規定がなかったため，立退料の提供は要件として独立の要素と解する余地があったとも考えられるが[注1]，同改正後の借地借家法28条は立退料も正当理由の一部としているので，後者の見解によるべきであろう。

訴訟メモの作成による要件事実の整理をすれば，このような意

見の対立があることを考察する機会が得られる。この問題は民事訴訟法上の不告不理の原則の適用の一場面である。

　第2に，原告が引き換え給付の意思表示をしたこと，すなわち権利抗弁の主張（抗弁権の行使）は主要事実であり，当事者は自らなすべき一定の義務の履行につき相手方の自己への給付と引き換えになすべきことを求めるならばその主張が必要である。

　この点も要件事実の観点から検討することにより，主要事実としての主張が必要であることが民事訴訟法上の問題点として理解できるであろう。

　第3に，原告は期限の定めなき賃貸借となった後に，昭和34年10月30日付翌日被告到達の書面をもって解約告知をし，同35年4月30日解約となった旨主張するが，解約告知の日が契約更新前賃貸借契約期間中の事実であるから，これは現在の賃貸借契約解約の効果はない（第1審判決）。

　そこで第1審はこれに代わる解約告知の主張が黙示的になされていると解釈している。それも事実らんにおける記載ではなく，理由中にその旨判示している。すなわち「原告は更新拒絶を理由とする本訴請求訴訟を昭和38年6月5日提起し，更に昭和39年6月11日受付の準備書面を以て請求原因を解約告知を理由とする本件店舗の明渡請求に変更し同準備書面は同年6月15日迄には被告に到達していること，しかも被告は本件口頭弁論終結迄解約告知を原因とする主張を維持していることは当裁判所に明らかなところであるから，原告は右準備書面を以つて黙示の解約告知をしているものと推断することができ，本訴の請求原因として右の解約告知の主張も含まれるものとみるべきである。」と判示し

要件事実論序説―「訴訟メモ」のすすめ

ている。そしてこれは第2審においては第1審の判決記載の引用という形式で承認され，上告審判決の判旨第2に肯定的に判示されており，一つの問題点である（上告理由第2参照）。

第4に，同時履行の抗弁権が権利抗弁であるために，第2点の反面として，被告がこれを行使する意思があれば，自らもその意思を表明する必要がある。それは抗弁の欄であろう[注2]。

要件事実論の学習により，このような抗弁としての主張の必要が理解できよう。

第5に，原告の提示の金額を超えた額を引き換え給付とすることは可能であろうか。第2審は原告主張の額を200万円上回る500万円の支払を条件とする判決をしている。

これは300万円との引換の請求に比べると一部認容となるが，このような判断はどの範囲で認められるであろうか。これは訴訟物の広狭の問題である。実際の訴訟においては裁判所が金員を提供すべき当事者に示唆して，黙示的にでも了解がえられていることが考えられるが，その限界が問題である。その了解がない場合に提示額をどの程度上回ってよいか。要件事実の観点から検討すると，この点が微妙な問題となることを理解できよう。

第6に，一般条項（正当事由，信義則，権利濫用等）の主張，立証責任，特に各当事者が主張する事実の位置付けが問題である。すなわち，本件で言えば，正当事由という抽象的な言葉がそのまま要件事実であるか，それを推認させる事情である具体的事実が要件事実であると位置付けるかが問題である。

本件ではこのように要件事実整理を通して民事訴訟上の諸問題について的確に考察することができよう[注3]。

(注1) 第1審の見解に賛成する学説がある（篠塚昭次「最判昭和46年11月25日判例批評」判評158号24頁
(注2) この点について小川英介「立退料と正当事由」現代借地借家法講座(2) 42頁は消極説をとるが，賛成できない。
(注3) この判例に関する訴訟上の諸問題について，近藤崇晴「最判昭和46年11月25日判例解説」民訴判百Ⅱ（新法対応補正版）(1998) 312頁参照

（参照）判解民 [56]，民訴法判百（第3版）[84]，中野入門ケース 17

〈著者紹介〉

東　孝行（ひがし　たかゆき）

昭和8年生れ

神戸大学大学院法学研究科博士課程卒業（法学博士）

　（略歴）

昭和39年4月裁判官に任官　大阪地裁，高裁を中心に，各地勤務

その間に，昭和43年度司法研究員　平成10年12月広島高等裁判所部総括判事を最後に定年退官

同年同月　久留米大学法学部教授

同16年4月　同大学法科大学院教授（院長）

　（主要著書等）

公害による賠償請求の訴訟（司法研究報告書22輯1号・司法研修所，昭44）

公害訴訟の理論と実務（有信堂，昭46）

注解民事訴訟法（第2版）（第一法規，平3～8，共同執筆）

判例による法の形成（信山社，平8）

相隣法の諸問題（信山社，平9）

民事訴訟法の解釈と運用（成文堂，平13）

　（学会発表）

「公害訴訟の実体法的側面に関する若干の考察」私法学会，昭44年（私法32号）

「多数当事者訴訟の実務上の諸問題」民事訴訟法学会，昭46年（ジュリスト525号）

「公害の差止訴訟―ドイツ連邦共和国」比較法学会，昭47年（比較法研究34号）

信山社
ポケット双書

要件事実論序説

2006年7月31日　第1版第1刷発行

5691-01011 P200：Y1800E b 015

著　者　東　　孝　行
発行者　今　井　　貴
発行所　株式会社信山社

〒113-0033　東京都文京区本郷6-2-9-102
Tel　03（3818）1019
Fax　03（3818）0344
order@shinzansha.co.jp

出版契約 5691-01010　Printed in Japan

©東孝行 2006　印刷・製本／東洋印刷・和田製本
ISBN4-7972-5691-6　C3332　分類321-401-a005

禁コピー　信山社　2006

―― 既刊・新刊 ――

広中俊雄編著 **日本民法典資料集成 1**

第1部 民法典編纂の新方針

46倍判変形 特上製箱入り 1540頁 本体10万円 18年3月まで特価

①民法典編纂の新方針 ②修正原案とその審議：総則編関係 ③修正原案とその審議：物権編関係 ④修正原案とその審議：債権編関係上 ⑤修正原案とその審議：債権編関係下 ⑥修正原案とその審議：親族編関係上 ⑦修正原案とその審議：相続編関係 ⑧修正原案とその審議：親族編関係下 ⑨整理議案とその審議 ⑩民法修正案の理由書：前三編関係 ⑪民法修正案の理由書：後二編関係 ⑫民法修正の参考資料：入会権資料 ⑬民法修正の参考資料：身分法資料 ⑭民法修正の参考資料：諸他の資料 ⑮帝国議会の法案審議――附表 民法修正案条文の変遷

信山社

―――― 既刊・新刊 ――――

新堂幸司監修 日本裁判資料全集 1・2

判例研究の方法論で夙に指摘されているように事実の精確な認識の上にたって、法の適用ひいては判決の結論が妥当かどうか判断されなければならない。ロースクール時代を迎えて、実務教育の重要性が言われるようになったが、そのための裁判資料は十分であったか。判例研究が隆盛を極めている今日、ここに、日本裁判資料全集を刊行を企図する所以である。

中平健吉・大野正男・廣田富男・山川洋一郎・秋山幹男・河野敬 編

東京予防接種禍訴訟 上 三〇〇〇〇円
東京予防接種禍訴訟 下 二八〇〇〇円

編集代表 小笠原正・塩野宏・松尾浩也

スポーツ六法 2006 信頼の編集・座右に一冊 二八五〇円

市民法学の思想的・歴史的展開 原島重義先生傘寿 一九〇〇〇円

―――― 信山社 ――――

──── 既刊・新刊 ────

債権総論	潮見佳男 著	五六三一円
債権総論〔第2版〕I 債権関係・契約規範・履行障害	潮見佳男 著	四八〇〇円
債権総論〔第3版〕II 債権保全・回収・保証・帰属関係	潮見佳男 著	四八〇〇円
契約各論 II 総論・財産移転型契約	潮見佳男 著	四二〇〇円
不法行為法	潮見佳男 著	四七〇〇円
不当利得法	藤原正則 著	四五〇〇円
イギリス労働法	小宮文人 著	三八〇〇円
プラクティス民法債権総論〔第二版〕	潮見佳男 著	三三六〇円
プラクティスシリーズ 債権総論	平野裕之 著	三八〇〇円
契約法〔第3版〕 近刊	平野裕之 著	予価五八〇〇円

──── 信山社 ────

———— ブリッジブック ————

ブリッジブック憲法　横田耕一・高見勝利編　二〇〇〇円
ブリッジブック商法　永井和之編　二一〇〇円
ブリッジブック裁判法　小島武司編　二一〇〇円
ブリッジブック国際法　植木俊哉編　二〇〇〇円
ブリッジブック日本の政策構想　寺岡寛著　二一〇〇円
ブリッジブック先端法学入門　土田道夫・高橋則夫・後藤巻則編　二〇〇〇円
ブリッジブック先端民法入門　山野目章夫編　二〇〇〇円
ブリッジブック法哲学　長谷川晃・角田猛之編　二〇〇〇円
ブリッジブック国際関係学　田中孝彦編　近刊
ブリッジブック日本の外交　井上寿一著　二〇〇〇円
ブリッジブック民事訴訟法　井上治典編著　二一〇〇円

———— 信山社 ————

―― 既刊・新刊 ――

権利消滅期間の研究　椿寿夫=三林宏編著　一六〇〇〇円

危険負担と危険配分　新田孝二著　二二〇〇〇円

公害・不法行為論　伊藤進著　六〇〇〇円

損害額算定と損害限定　西原道雄・齋藤修訳　二五〇〇円
　ヘルマン・ランゲ著

メディクス ドイツ民法 上　河内宏・河野俊行監訳　一三〇〇〇円

危険負担と危険配分　新田孝二著　二二〇〇〇円　山

ドイツ債務法現代化法概説　潮見佳男著　八〇〇〇円　信
　松本博之・徳田和幸責任編集

民事手続法研究　創刊第1号　半田吉信著　二二〇〇円
　著者=松本・越山・鶴田　三五〇〇円

21世紀の日韓民事法学　一〇〇〇〇円
　高翔龍先生韓日法学交流記念　編集　加藤・能見・大村・瀬川・内田他

社